RAPPORT

SUR LES

ÉTUDES BERBÈRES,
ÉTHIOPIENNES ET ARABES,

1887—1891;

PAR

RENÉ BASSET,

PROFESSEUR À L'ÉCOLE SUPÉRIEURE DES LETTRES D'ALGER.

PUBLICATIONS DU
Neuvième Congrès International des Orientalistes,
LONDRES, 1891.

PUBLISHING DEPARTMENT:
ORIENTAL UNIVERSITY INSTITUTE, WOKING.
1892.

RAPPORT

SUR LES

ÉTUDES BERBÈRES, ÉTHIOPIENNES ET ARABES,

1887—1891;

PAR

RENÉ BASSET,

PROFESSEUR À L'ÉCOLE SUPÉRIEURE DES LETTRES D'ALGER.

PUBLICATIONS DU

Neuvième Congrès International des Orientalistes,

LONDRES, 1891.

PUBLISHING DEPARTMENT:

ORIENTAL UNIVERSITY INSTITUTE, WOKING.

1892.

RAPPORT SUR LES ÉTUDES BERBÈRES.

1887—1891.

SOMMAIRE.

§ I. Depuis que le général Hanoteau, par la publication de sa grammaire kabyle, de sa grammaire tamachek', et de ses Poésies populaires du Jurjura a donné l'élan et montré la voie aux études berbères, celles-ci qui avaient été négligées malgré les efforts de Brosselard, Delaporte, De Slane et Duveyrier en France, de Barth en Allemagne, de Newman en Angleterre, de Hodgson aux Etats Unis, ont pris un développement considérable. On a compris la nécessité d'étudier la langue et les dialectes d'une race qui occupe plus du tiers de l'Afrique septentrionale et dont le domaine linguistique s'étend de la Méditerranée au Niger, de l'Atlantique à la vallée du Nil. La France étant la nation la plus directement intéressée à connaître ces populations destinées à passer tôt ou tard sous son autorité, c'est en France et en Algérie qu'ont été publiées, pour la majeure partie, les travaux relatifs au berbère. L'intérêt que l'Académie des Inscriptions a témoigné à ces études par des missions et un sujet de prix, n'a pas peu contribué à provoquer, des deux côtés de la Méditerranée, des recherches sur ce terrain longtemps négligé.

Laissant de côté la question des inscriptions libyques dont le déchiffrement et l'interprétation n'ont pas encore dit leur dernier mot, je ne m'occuperai que des dialectes parlés aujourd'hui et dont quelques uns sont sur le point de s'éteindre. Il n'y a rien à citer comme œuvre d'ensemble au point de vue de la grammaire ou de la lexicographie : les *Origines berbères* de M. Rinn[1] ont été sévèrement et justement jugées par un homme d'une haute compétence sur ces questions, M. Duveyrier, et l'on ne peut que s'associer à ce jugement. Les tentatives de M. Brinton pour rattacher le berbère à l'étrusque,[2] comme on l'avait fait pour le celtique

---

[1] *Essai d'études linguistiques et ethnologiques sur les origines berbères* (suite). *Revue africaine*, Nos. 181-184, 186-188 ; 1887-1888.

[2] *The Ethnologic Affinities of the Ancient Etruscans*, Philadelphia, 1889, in 8° ; *On Etruscan and Lybian Names*, Philadelphia, 1890, in 8°.

"

et le basque, n'ont pas produit de résultats décisifs et il serait plus que téméraire d'affirmer que le libyque, même si on le connaissait, pût jamais donner la clef de l'étrusque. Dans mon *Loqmân berbère*,[1] j'ai présenté une anthologie des dialectes du Nord (moins celui de Ouargla) en y rattachant le Zénaga : des vingt trois dialectes dans lesquels les fables de Loqmân ont été totalement ou partiellement traduites, quelques uns n'avaient été jusqu'ici l'objet d'aucune recherche : ceux des Bel Halima, du Djerid tunisien, des Harakta, de Taroudant, des Beni Iznacen, des Bot'ioua du Vieil Arzeu, de l'Ouarsenis et des Haraoua. J'en parlerai plus loin en mentionnant les régions auxquelles ils appartiennent. Dans les glossaires qui terminent cet ouvrage, j'ai donné un premier essai de vocabulaire comparé berbère-français et français berbère.

La première série de mes *Contes berbères*[2] contient des récits de divers genres, fables, légendes historiques et religieuses, contes fantastiques, etc , recueillis chez les Zouaouas, les Mozabites, à Ouargla, dans le Sous, les K'çour du Sud oranais et les Beni Menacer ; ils permettent d'apprécier le rôle important d'intermédiaires joué par les Berbères dans la transmission des contes arabes aux populations de l'Afrique centrale. Une partie a été traduite en anglais par M. W. E. Axon.[3]

§ ii. En commençant notre révision par l'extrême ouest, nous trouvons les Zénagas du Sénégal dont une tribu, les Trarza, ont encore conservé l'usage d'un dialecte particulier signalé par le général Faidherbe, et que j'ai eu l'occasion d'étudier sur place, ce qui m'a permis de donner une version complète des quarante et une fables de Loqman dans ce dialecte.

§ iii. Un hasard qui mit entre les mains de l'autorité française plusieurs Touaregs Ahaggars soupçonnés, non sans raison, d'avoir trempé dans l'assassinat de la mission Flatters, a permis d'étudier à Alger même le dialecte de ces populations chez qui il devient de plus en plus difficile de pénétrer. Je ne ferai que mentionner les lettres publiées et traduites par M. Rinn,[4] et un court chapitre traitant de leur dialecte, dans l'ouvrage que M. Bissuel a consacré à leur nation.[5] Mais la vraie moisson a été faite par M. Masqueray : le Dictionnaire et les textes touaregs qu'il a réunis et qui sont en ce moment sous presse, prendront place à côté de la grammaire tamachek' du général Hanoteau. Dans la quatrième série de mes *Notes de lexicographie berbère*,[6] j'ai donné un court vocabulaire des Aouelimmiden qui habitent sur les confins du Soudan, d'après des renseignements qui j'avais recueillis à Ouargla en 1888.

§ iv. Les dialectes du Maroc, surtout celui du Sous, le plus littéraire de tous, ont été l'objet de plusieurs travaux. J'ai donné plusieurs textes (contes et lettres) dans mon *Recueil de documents relatifs à la philologie berbère*.[7] Nous devons aussi à M. de Rochemonteix quatre contes, dont l'un en chelh'a du Sous, tiré d'un manuscrit de la Bibliothèque nationale

---

[1] Paris, 1890, in 12°.
[2] R. Basset, *Contes populaires berbères*, Paris, 1887, in 18°.
[3] *Berber Folk-tales*, Manchester, 1888, in 8°.
[4] *Revue africaine*, 1888.
[5] *Les Touaregs de l'Ouest*, Alger, 1888, in 8°.
[6] Paris, 1888, in 8°.
[7] Alger, 1887, in 8°, p. 74-79.

et les autres en dialecte du Tafilelt ; deux d'entre eux nous présentent une version nouvelle des deux contes bien connus des Oreilles de Midas et du trésor de Rhampsinite.[1] M. Quedenfeld, qui a parcouru la région du Sud marocain, a rassemblé ses observations dans plusieurs fascicules d'une grande importance, dont deux touchent directement à la question linguistique : l'un contient un vocabulaire des trois principaux dialectes berbères du Maroc,[2] le Rifain, le Berâber et le chelh'a ; l'autre, le langage particulier à la corporation des Oulâd Sidi H'ammed Ou Mousa.[3]

Dans mon Loqmân berbère, les dialectes marocains du Sous, des Beni Iznacen, de Doubdou, du Rif (temsaman), du Gourara et de Taroudant sont représentés et une partie de ma quatrième série de *Notes de lexicographie berbère* est consacrée à l'esquisse phonétique et morphologique et au vocabulaire suivi de plusieurs textes, des dialectes du Touat et du Gourara, étudiés ici pour la première fois. Enfin, et pour en finir avec le Maroc, la Société biblique de Londres a fait paraître, dans le dialecte du Rif, une traduction de l'évangile selon S. Matthieu, qui aurait besoin d'une révision attentive.[4]

§ v. Parmi les dialectes algériens, le Zouaoua a été le plus spécialement étudié. Dans mon *Manuel Kabyle*,[5] j'ai résumé les règles de phonétique et de morphologie du Zouaoua, sans négliger de le comparer aux principaux dialectes, et ce travail est complété par une bibliographie, une courte chrestomathie et un lexique berbère-français. M. Belkassem ben-Sedira a recueilli, sous le titre de *Cours de langue Kabyle*,[6] une collection considérable de textes Zouaouas, importante, non seulement au point de vue de la linguistique, mais aussi du folk-lore et de la sociologie berbères, grâce aux collections de *Kanouns* (coutumes) qu'elle contient. La littérature, si l'on peut employer ce mot, en le restreignant surtout au folk-lore, du Zouaoua s'est enrichie par la publication d'une série d'anecdotes[7] dont le héros est le fameux Si Djoha des Arabes, le Nasr eddin Hodja des Turks dont la renommée a pénétré jusque dans les montagnes du Jurjura et à qui l'on attribue des aventures où une feinte sottise triomphe souvent aux dépens de l'honnêteté.

M. Newman a fait paraître un dictionnaire Kabyle-anglais,[8] emprunté presque en entier au lexique du P. Ollivier, sur lequel l'auteur, dans sa préface, accumule les erreurs les plus invraisemblables. Malheureusement ce dictionnaire ne saurait être utilisé, ni au point de vue scientifique ni au point de vue pratique, en raison de ses lacunes et du système de transcription qui y est employé. On doit également considérer comme une tentative prématurée l'essai de dictionnaire numide qui termine ce volume.

---

[1] *Documents pour l'étude du berbère, Contes du Sous et du Tafilelt* (*Journal asiatique*, février-mars, 1889, p. 196-228 ; avril-mai-juin, 1889, p. 402-427).

[2] *Eintheilung und Verbreitung der Berber-völkerung in Marokko*, vii., Berlin, 1889, in 8°.

[3] *Die Corporationen der Uled Ssidi Hammed u Mussa und der Orma*, Berlin, 1889, in 8°.

[4] *Injil in Sidi Iesoû ir Masih*, London, 1887, in 16°.

[5] Paris, 1887, in 12°.

[6] Alger, 1880, in 8°.

[7] Mouliéras, *Les fourberies de Si Djeha*, t. i., Oran, 1891, in 12°.

[8] *Kabail Vocabulary*, London, 1887, in 12°.

Pour être complet, je citerai encore deux Chansons Kabyles sur l'insurrection de 1871, composées par Si Sáïd ben Djelouach de Tamokra des Beni Aïdel, publiées et mal traduites par M. Rinn,[1] et deux essais de traduction, faites par un missionnaire protestant, M. Mayor, établi dans la Haute-Kabylie.[2]

Dans mon *Loqmân berbère*, j'ai donné la collection complète des fables en dialecte des Beni Menacer, et plusieurs en zouaoua, en harakta, en mzabite, en Bot'ioua du Vieil Arzeu, en Chaouia de l'Aouras, dans les dialectes des K'çour, de Bougie, des Bel H'alima, de l'Ouarsenis et des Haraoua. Ma quatrième série de *Notes de Lexicographie berbère* contient un court vocabulaire de l'argot que les Mzabites emploient pour se reconnaître entre eux et ne pas être compris des Arabes qui vivent parmi eux. Le dialecte des Beni Menacer et celui des K'çour du Sud oranais et de Figuig sont encore représentés dans mon *Recueil de textes et de Documents relatifs à la philologie berbère*, le premier (p. 1-14) par un conte, le second par divers récits (p. 19-93) parmi lesquels une description de plusieurs K'çour et un récit de l'insurrection de 1887 à Bou Semr'oun.

§ VI. En ce qui concerne la Tunisie et la Tripolitaine, je ne trouve à mentionner que les fables de mon *Loqmân berbère* traduites en dialecte du Djerid, pour lequel je renvoie au travail spécial que j'ai envoyé au congrès sur ce sujet, de Djerba et du Djebel Nefousa où vit encore une communauté abadhite qui a conservé sa langue, sa religion et une indépendance à peu près absolue.

§ VII. Nous arrivons enfin aux limites de l'Egypte, à l'ancienne oasis de Jupiter Ammon. Un ingénieur italien, M. Bricchetti-Robecchi, avait recueilli, pendant un court séjour qu'il fit dans cette oasis peu hospitalière, un vocabulaire et quelques phrases dans le dialecte loouata qu'on y parle.[3] J'ai repris, dans un travail spécial,[4] les données qu'il fournissait, et en les comparant aux renseignements recueillis par ses prédécesseurs, et à d'autres vocabulaires, tels que ceux d'Aoudjilah, des Zouaouas et des Zenagas qui forment comme les sommets du triangle où se parle le berbère, j'ai essayé d'établir la place de ce dialecte parmi les autres.

René Basset.

[1] *Revue africaine, janv.-févr.*, 1887.
[2] *Aradh Ir'ounath*, Lausanne, 1888 ; *Kera imouren bouaoual Rebbi*, Lausanne, 1889.
[3] *Sul dialetto di Siuwah*, Rome, 1889, in 4°.
[4] R. Basset, *Le dialecte de Syouah*, Paris, 1890, in 8°.

RAPPORT SUR LES ÉTUDES ÉTHIOPIENNES.

1887—1891.

SOMMAIRE.

§ I. Histoire d'Ethiopie—§ II. Législation éthiopienne—§ III. Grammaire et lexicographie—§ IV. Littérature religieuse—§ V. Autres langues sémitiques d'Abyssinie : amhariña, tigriña, tigré, harari.

§ I. PENDANT longtemps, l'étude de l'éthiopien a eu pour but de procurer aux sciences religieuses les secours que pouvait apporter cette littérature qui a conservé un certain nombre d'ouvrages des premiers temps du christianisme dont plusieurs ne nous sont parvenus que dans la version ghëëz : c'est à cette période que doit se rattacher l'édition de la Bible éthiopienne, restée malheureusement inachevée, l'édition et la traduction du livre d'Hénoch, du Pasteur d'Hermas, de la Petite Genèse, de l'Hexameron, etc. Cependant l'histoire politique de l'Ethiopie commençait de n'être plus négligée, et le même érudit qui a repris au XIXe siècle le rôle de Ludolf au XVIIe, M. Dillmann, apporta à la recherche des origines éthiopiennes sa profonde connaissance de la langue et sa sage critique. Toutefois, jusque dans ces dernières années où il s'occupa de 'Amda-Syon et de Zarëa-Ya'qob, M. Dillmann s'était arrêté aux premiers temps de l'histoire d'Ethiopie, à celle dont il ne nous reste que de sèches listes de noms propres, quelques inscriptions dont aucune n'a été photographiée ni estampée, plusieurs monnaies et des légendes religieuses éparses dans le Synaxare. Je ne parle pas des maigres témoignages fournis par les auteurs byzantins, syriaques et arabes. En donnant, il y a dix ans, une Chronique nationale indigène, presque au même temps où M. Zotenberg publiait la version ghëëz de la Chronique de Jean de Nikiou qui rentre dans la catégorie des chroniques byzantines, mon intention était de présenter un cadre où viendraient s'ajuster les différents morceaux historiques, dont l'ensemble forme la série, parfois interrompue, des annales d'Ethiopie depuis le XIIIe siècle jusqu'à nos jours.

Cet espoir est en voie de réalisation : en France, en Allemagne et en Portugal, plusieurs érudits, en tête desquels il faut toujours nommer M. Dillmann, ont commencé à remplir ce canevas. Je ne fais que rappeler les mémoires sur l'histoire ancienne de l'Ethiopie[1], et les règnes de 'Amda-

---

[1] Dillmann, *Ueber die Anfänge des axumitischen Reiches*, Berlin, 1879, in 4°; *Zur Geschichte des axumitischen Reiches*, Berlin, 1880, in 4°.

Syon[1], et de Zarëa-Ya'qob[2] qui sont antérieurs à la période dont je m'occupe ici. Dans un plus récent travail[3], le savant éthiopisant étudie la forme primitive en nominatif éthiopien et discute la valeur des monnaies qui font définitivement de Kaleb le nom d'un roi et d'un personnage historique ; enfin il examine l'interprétation par M. Glaser de certains noms propres de l'inscription d'Adulis. Celui-ci a repris la question dans un appendice de son second volume sur l'histoire et la géographie de l'Arabie et de l'Abyssinie[4] : si l'on n'admet pas toutes les conclusions de l'audacieux voyageur, du moins méritent-elles une attention sérieuse. Je n'en dirai pas autant du mémoire dans lequel M. Halévy, toujours à l'affût de paradoxes, soutient que les persécuteurs des chrétiens du Yémen, ceux dont le fanatisme attira la dernière invasion éthiopienne, étaient non des israélites ou des judaïsants, mais des ariens. Dans la *Revue des Etudes juives* où avait paru ce paradoxe, M. Duchesne, reprenant pied à pied les objections de M. Halévy, en a fait justice et l'on peut espérer que la question est réglée. Il en est de même d'une tentative du même orientaliste pour enlever tout caractère religieux à la révolte des Juifs éthiopiens (Falachas ou Agaous) qui aboutit à l'exclusion temporaire de la dynastie salomonienne. Ceux qui n'apportent pas dans ces questions des préoccupations étrangères à la science, peuvent s'en tenir à la note ingénieuse de M. Guidi[5] qui a retrouvé dans les fils de la pseudo-Amovia des gens pratiquant la religion juive.

En 1884, M. Dillmann avait publié la traduction du récit des guerres de 'Amda-Syon contre les Musulmans de l'Adal. Nous devons à M. Perruchon le texte et une traduction française de cet important document[6] le seul qui nous ait conservé quelques détails sur l'histoire de l'Ethiopie à cette époque, puisque le *Kitâb el Omam* de Maqrizy ne commence qu'après cette période. Certains passages qui tiennent plus de la légende que de l'histoire, ont fait naître des doutes sur l'époque où fut écrit ce fragment, comme si un contemporain, surtout un moine, n'avait pu insérer dans son livre des morceaux pieux, et même attribuer à des campagnes contre les ennemis de la foi, un caractère merveilleux qu'on trouve chez les anciens chroniqueurs, ceux des croisades, par exemple. Même on n'a jamais, que je sache, contesté l'authenticité de *l'Histoire des Francs*, de Grégoire de Tours, bien qu'on ait démêlé, dans maints passages, des débris de cantilènes populaires comme celles qui plus tard, donnèrent naissance aux chansons de geste.[7] Nous ne voyons pas, comme cela existe pour le double auteur de l'Histoire de Charlemagne attribué au faux Turpin, quel intérêt aurait eu un faussaire à fabriquer cette chronique.

[1] Dillmann, *Die Kriegsthaten des Königs Amda-Sion gegen die Muslim*, Berlin, 1884, in 4°.

[2] Dillmann, *Ueber die Regierung . . . des Königs Zar'a Ya'qobs*, Berlin, 1884, in 4°.

[3] Dillmann, *Bemerkungen zur Grammatik der Geez und zur alten Geschichte Abessiniens*, Berlin, 1890, in 8°.

[4] Glaser, *Bemerkungen zur alten Geographie und Geschichte Abessiniens und Arabiens* Berlin, 1890, in 8°.

[5] *Note Miscellanee*, III., *Due notizie storiche sull' Abissinia* (*Giornale della società asiatica italiana*, t. iii., 1889, p. 176-179).

[6] *Histoire des guerres d'Amda-Syon*, Paris, 1890, in 8°.

[7] *C.f.* P. Rajna, *Le Origini dell' epopea francese*, Florence, 1884, in 8° ; Junghans, *Histoire critique des règnes de Childerich et de Chlodovich*, Paris, in 8°.

Ce sont des cantilènes de ce genre, écrites dans une langue qui tient autant de l'amariña que du ghëëz, qui ont été publiées par M. Guidi[1], d'après les manuscrits de Paris et d'Oxford : elles ont trait aux guerres contre l'ennemi héréditaire, le Musulman, et permettent de saisir sur le fait la transformation du ghëëz en amariña.

Au XVIIe siècle, dans une Histoire d'Ethiopie abrégée ensuite par le P. Telles, et qu'on crut longtemps perdue, le P. d'Almeida avait déjà traduit en portugais les chroniques éthiopiennes. MM. Pereira et Perruchon en ont extrait, comme complément aux annales de 'Amda-Syon la partie concernant ce prince et l'ont publiée à Lisbonne avec d'excellentes notes et une traduction française[2]. C'est également à cet ouvrage que M. d'Abbadie a emprunté deux extraits (sur la source de l'Abbay et un voyage dans l'Inârya) insérés dans le livre[3] où il a réuni une foule de notes d'époques et de valeurs diverses.

Bien que les documents suivants aient été écrits en arabe, il me semble préférable de les rattacher à l'Ethiopie. Au cours de ses explorations dans l'Afrique orientale, M. Paulitschke a recueilli plusieurs textes sur l'histoire de Harar et en a publié la traduction dans sa monographie de cette ville[4]. Si incomplets qu'ils soient, ils viennent s'ajouter à l'histoire de Maqrizy et servent de contre partie aux documents fournis par les annalistes éthiopiens et les missionnaires portugais, ce qui leur donne une grande importance. On peut regretter toutefois que M. Paulitschke n'ait pas connu les informations recueillies sur place et publiées ensuite par M. G. Ferrand[5], et ne s'en soit pas servi pour compléter son travail.

Les rapports entre l'Ethiopie au XVIe et au XVIIe siècle ont donné lieu à plusieurs publications. En première ligne, je mentionnerai celle de la relation d'Alvares. L'Académie des sciences de Lisbonne, animée d'un esprit patriotique et scientifique à la fois, a réédité d'anciennes relations devenues introuvables et à celles de Bermudez et de Castanhoso vient de s'ajouter l'ouvrage d'Alvares, reproduction très fidèle de l'édition de 1540, suivie du fac-simile des titres des premières traductions françaises, espagnoles et allemandes du XVIe siècle. Puissions nous ne pas attendre longtemps l'histoire du P. d'Almeida, celle du P. Telles et la collection des Rapports des Missionnaires. Dans cette catégorie on peut placer la lettre de Saga Zaab au negouch Lëbna-Dëngël sur les résultats de son ambassade en Europe, et celle du negouch Galâoudéouos[6], attestant les services de Castanhoso, dont la relation, mentionnée tout à l'heure, a été traduite en italien[7]. Comme document contemporain, on doit mentionner les inscriptions funéraires de plusieurs moines qui, fuyant l'invasion musulmane, s'étaient établis à Rome au couvent de S. Stefano dei Mori[8].

---

[1] *Le Canzoni ghcez-amariña*, Rome, 1889, in 4°.

[2] *Victorias de Amda-Sion, rei de Ethiopia*, Lisbonne, 1891, in 8°.

[3] *Géographie de l'Ethiopie*, Paris, 1890, in 8°.

[4] *Harar*, Leipzig, 1888, in 8° ; Appendix vi., *Historische Documente aus Harar*, p. 499-515.

[5] *Le Çomal*, Alger, 1884, in 8° ; *Notes de grammaire çomalie*, Alger, 1886, in 8°.

[6] René Basset, *Deux lettres éthiopiennes du XVIe siècle*, Rome, 1889, in 8°.

[7] *Storia della spedizione portoghese in Abissinia*, Rome, 1888, in 8°.

[8] Gallina, *Iscrizioni ethiopiche ed arabe in S. Stefano dei Mori*, Rome, 1888, in 8.°

Nous devons à M. Esteves Pereira qui a restauré, ou plutôt créé les études éthiopiennes en Portugal, l'édition avec la traduction et un commentaire très soigné de la chronique de Minas[1], le successeur de Galâoudéouos, qu'on pourrait regarder comme une première ébauche de Fasiladas : en appendice, il a placé la version portugaise des annales de Minas, tirée de l'œuvre inédite du P. d'Almeida. L'occupation de Massaoua par l'Italie donne un intérêt particulier à un excellent article de M. Pereira sur cette ville[2], et l'on peut citer un abrégé de l'histoire d'Ethiopie[3] par M. Costi Ermenegilde, qui, bien que n'étant pas puisé aux sources originales, présente un ensemble beaucoup plus exact que les manuels du même genre publiés jusqu'ici.

Comme on le voit, le Portugal et la France occupent une place prépondérante dans l'exécution du plan que je signalais en commençant. Je dois ajouter, pour être complet, qu'en ce moment, on imprime des extraits de la Vie de Lalibala et les chroniques des règnes de Zarëa-Ya'-qob et de Bäëda-Mâryâm, publiées par M. Perruchon ; qu'à Lisbonne, M. Pereira prépare l'édition des annales de Galâoudéouos et de Sousënyos ; enfin que dans cette même ville doit paraître l'histoire de la conquête de l'Abyssinie, écrite par le secrétaire d'Ahmed Grañ, le chef musulman. Nous aurons ainsi, sur cet évènement capital dans l'histoire d'Ethiopie, les témoignages des Portugais, des Italiens, des Ethiopiens et des musulmans, et, grâce à cette diversité d'informations qui se contrôlent les unes les autres, nous arriverons à connaître exactement et dans tous ses détails, cette période qui n'est pas sans analogie avec celle qu'a traversée l'Ethiopie dans ces dernières années.

§ II. Un texte d'une haute importance pour l'histoire civile de l'Ethiopie est le livre connu sous le nom de *Fetha-Nagast* (le Droit des rois), traduction éthiopienne, relativement récente, d'un ouvrage arabe compilé au XIIIe siècle de notre ère par un Egyptien jacobite, Abou Ishaq ibn el ʿAṣṣal. Ce code, où l'on voit cités en même temps le Pentateuque, le Nouveau Testament, les Didascalia et d'autres monuments apocryphes, les canons de plusieurs conciles, enfin un recueil de lois byzantines, compilé en Syrie dans la seconde moitié du Ve siècle de notre ère, est la principale source du droit canonique et civil dans les communautés monophysites : de nos jours encore, il est considéré comme le seul code écrit que possède l'Ethiopie. Arnold en avait autrefois publié un chapitre : M. Bachmann en a commencé une édition,[4] qui ne paraît pas devoir être continuée ; mais M. Guidi en annonce une à laquelle son nom assure une grande valeur.[5]

§ III. Les recherches grammaticales sur le ghëëz ont été à peu près négligées pendant cette période ; il est vrai que la Grammaire et le Dictionnaire de M. Dillmann seront longtemps encore une base solide pour les études éthiopiennes. A part le mémoire de cet érudit que j'ai

---

[1] *Historia de Minas*, Lisbonne, 1888, in 8°.

[2] *Os Portuguezes em Maçua* (*Rivista das Sciencias militares*), Lisbonne, Juillet, 1889, p. 14-26, et Août, 1889, p. 73-87.

[3] *Storia d'Etiopia*, Milan, s.d., in 16°.

[4] *Corpus juris Abessinorum*, Berlin, 1889 in 4°.

[5] *Rapporto a S. E., il Ministro ad interim degli affari esteri sull' edizione del codice etiopico Fetha Nagast*, Rome, 1890, in f°.

cité plus haut, je ne trouve à mentionner que quelques notes de M. Prætorius sur la grammaire et l'étymologie ;[1] le curieux travail où il essaie de reconnaître des formes chamitiques (proto-sémitiques) dans quelques mots gëëz et de déterminer l'influence des langues proto-sémitiques sur l'éthiopien,[2] recherches non encore traitées jusqu'ici ; enfin un court mémoire où M. Merx étudie, d'après un manuscrit de Francfort, les explications traditionnelles des mots hébreux de la Bible, tirées d'un original grec et destinées à l'interprétation allégorique ou symbolique des Livres Saints.[3]

§ iv. La littérature religieuse n'est pas beaucoup plus riche en publications : on doit à M. Guidi une étude intéressante sur les différentes versions éthiopiennes des Evangiles,[4] et à M. Reckendorf des recherches sur l'importance du Pentateuque éthiopien pour la reconstitution du texte des Septante.[5] M. Arnhard a réimprimé, d'après un traité publié à Rome en 1586, le texte éthiopien et la transcription en caractères arabes du rituel de la bénédiction de l'eau, en restituant le gëëz d'après une transcription latine extrêmement fautive.[6]

Pour ce qui concerne la littérature des apocryphes, dont le gëëz est si riche, je signalerai la traduction, par M. Schodde, de la Petite Genèse du Livre des Jubilés[7] dont le texte éthiopien a été publié autrefois par M. Dillmann. On peut y joindre la version éthiopienne des Questions et des réponses attribuées au philosophe néo-pythagoricien Secundus,[8] autographiée par M. Bachmann qui l'avait récemment traduite en latin.[9] Ces questions et leurs solutions ne diffèrent pas de celles qui avaient cours dans les manuels scolastiques du moyen âge, et il me paraît difficile d'y trouver des traces de manichéisme comme on l'a prétendu. L'éditeur y a joint le texte éthiopien du roman religieux du roi d'Arménie Tertâg, qu'il croit directement dérivé du grec, ce qui placerait cette traduction avant le viime siècle de notre ère, parmi les plus anciens monuments de la littérature gëëz. Il en existe cependant une version arabe qui a été traduite en français par M. Amélineau, et qui me paraît avoir été la source immédiate de l'éthiopien.

Un des résultats de l'ambassade du Choa en Italie a été l'impression, à Rome, d'une homélie de Cyriaque de Behnesa sur la gloire et la compassion de la Vierge.[10] Il est inutile de dire que ce petit volume ne contient pas un texte critique et que sa principale valeur est sa rareté.

[1] *Beiträge zur æthiopischen Grammatik und Etymologie*, Leipzig, 1888, in 8°.

[2] *Hamitische Bestandtheile im Æthiopischen* (*Zeitschrift der deutschen morgenländischen Gesellschaft*, t. xliii., 1889, p. 317-326).

[3] *Un fragment d'onomastique biblique en éthiopien* (*Journal Asiatique*, mars-avril, 1891, p. 274-286).

[4] *Le traduzioni degli Evangelii in arabo e in etiopico*, Rome, 1888, in 4°, § II.

[5] *Ueber den Werth der altæthiopischen Pentateuch-Uebersetzung für die Reconstruction der Septuaginta* (*Zeitschrift für die alttestamentliche Wissenschaft*, 1887, p. 61-90).

[6] *Die Wasserweihe nach dem Ritus der æthiopischen Kirche* (*Zeitschrift der deutschen morgenländischen Gesellschaft*, t. xli., 1887, p. 403-414).

[7] *The Book of Jubilees*, Oberlin, 1888, in 8°.

[8] Bachmann, *Die Philosophie des neupythagoreus Secundus*, Berlin, 1888, in 8°.

[9] *Secundi philosophi taciturni Vita*, Berlin, 1887, in 8°.

[10] *Gëdâsé-Máryám*, Rome, 1889, pet. in 4°.

§ v. L'expédition italienne a attiré l'attention sur les langues parlées en Abyssinie et, laissant de côté celles qui se rattachent au groupe chamitique, je ne m'occuperai que de celles qui appartiennent au groupe sémitique proprement dit.

En premier lieu vient l'amariña dont M. Guidi nous a donné une grammaire[1] qui sera appréciée pour sa clarté et sa méthode et rendra de grands services, même après les volumineux ouvrages d'Isenberg, de Massaja et de Prætorius ; je signalerai aussi une note du même savant sur la forme intensive du verbe amariña.[2] Les documents amariñas qu'il a publiés,[3] contiennent également une partie des lettres du nëgouch Yohannës, de Takla Haïmânot, roi du Gojjam et de Menilëk, dont la traduction est donnée dans le Livre Vert. Outre l'importance historique de cette correspondance, elle en a encore une grande au point de vue philologique et permettra d'ajouter de nombreux exemples au dictionnaire amharique de M. d'Abbadie. Ou peut aussi mentionner un court recueil de phrases et de mots usuels, rédigé pour le corps expéditionnaire italien.[4]

Une grammaire de la langue tigraï (tigriña), destinée à un emploi plus pratique que celle de M. Prætorius, a été publiée par M. Schreiber[5] qui a passé de longues années en Abyssinie et dont l'œuvre rendra de grandes services : M. Prætorius a continué sa publication de proverbes tigriña[6] et ajouté ainsi à la littérature si pauvre de cette langue.

Celle, encore plus pauvre, du tigré parlé aux environs de Massaoua, est constituée par deux textes édités par les missionnaires,[7] et l'un d'eux a été, pour M. Noeldeke le sujet d'observations grammaticales, d'autant que pour la première fois, même en tenant compte des renseignements fournis par Beurmann et d'Abbadie, le tigré est étudié scientifiquement.[8]

Enfin le harari, presque aussi négligé que le tigré, depuis les travaux de Burton et de F. Müller, sera plus connu grâce à la publication du lexique de M. Bricchetti-Robecchi,[9] et des textes et des glossaires recueillis par M. Paulitschke.[10]

---

[1] *Grammatica elementare della lingua amariña*, Rome, 1889, in 8°.

[2] *Note miscellance, Giornale della Società asiatica italiana*, t. iii., 1889, p. 179-181.

[3] *Documenti amariña*, Rome, 1891, in 4°.

[4] Piano, *Raccolta delle frasi più usuali*, Rome, 1887, in 18°.

[5] *Manuel de la langue tigraï*, Vienne, 1887, in 8°.

[6] *Tigriña-Sprüchwarter* (*Zeitschrift der deutschen morgenlendiche Gesellschaft*, t. xlii., 1888, p. 67-68).

[7] *Evangelium enligt Markus på Tigre Spräket*, M'Kullo, 1889 ; *Abc pour apprendre aux enfants à lire le tigré*, M'Kullo, 1889.

[8] *Tigre-Texte* (*Wiener Zeitschrift für die Kunde des Morgenlandes*, 1890, p. 289-300).

[9] *Lingue parlate, Somali, Galla e Harari*, Rome, 1890, in 8°.

[10] *Beiträge zur Ethnographie und Anthropologie des Somal, Galla und Harari*, Leipzig, 1888, in f°, p. 79-96.

RAPPORT SUR LES ÉTUDES ARABES.

DE 1887 À 1891.

AVANT d'exposer l'état des études arabes et les travaux dont elles ont été l'objet pendant la période qui s'étend de 1887 à 1891, je dois limiter mon sujet et m'excuser pour les omissions involontaires qui pourront être commises. Non que je croie utile de mentionner tout ce qui se rapporte à l'arabe et à l'Orient musulman, y compris les articles de Revues générales et les volumes de vulgarisation ou de seconde main : cette énumération ferait double emploi avec l'excellent recueil qui paraît sous le titre d'*Orientalische Bibliographie.* Je n'indiquerai donc que les œuvres qui, à quelque titre que ce soit, méritent d'être signalées ou critiquées, et encore j'ai dû, pour ne pas être incomplet, ne les connaissant qu'en partie, laisser de côté les publications faites dans l'Inde et les pays musulmans. On ne trouvera donc ici que le tableau de l'activité européenne en Europe, en Algérie et en Syrie, et si restreint que soit ce cadre, je m'estimerai heureux si l'on juge que je l'ai suffisamment rempli.

§ 1. Si l'on n'a pas à signaler sur le Qorân quelqu'un de ces livres qui font époque, tels que ceux de MM. Sprenger et Noeldeke, du moins un autre genre de documents a été consciencieusement étudié par l'érudit qui de nos jours est le plus compétent sur cette matière, autant par son sens critique que par sa vaste érudition. La science des traditions est une des plus importantes pour la connaissance de l'islam : les Musulmans lui assignent un rang spécial dans leur classification des sciences et, en effet, sans les *hadîth*, bien des points essentiels seraient non seulement obscurs, mais ignorés. Le Qorân est limité, mais il n'en est pas de même des traditions qui remontent jusqu'au Prophète et qui ont pour objet de compléter les lacunes du Livre Sacré. De bonne heure, les compagnons de Moḥammed s'empressèrent de recueillir les paroles et les dits de leur chef et c'est sur cette base que s'édifièrent plus tard les divers systèmes de droit et d'exégèse religieuse, sans parler des nombreuses prescriptions de la vie civile et privée qui n'ont pas d'autre origine. Mais, dès l'abord, une difficulté se présente, déjà entrevue par les Arabes qui essayèrent de lui donner une solution. Comment distinguer l'ivraie du bon grain, les vraies traditions des apocryphes, car on ne se fit pas faute, dès les premiers temps de l'islam, même chez les orthodoxes, de prêter à Moḥammed des paroles en rapport avec la thèse soutenue par tel ou tel parti politique ou religieux. Il est bien entendu que les fausses traditions s'appuient sur les noms les plus respectables, et, qu'au point de vue des autorités alléguées, rien ne

les distingue des vraies. On retrouve là le procédé appliqué dans les premiers
siècles du christianisme, par les auteurs d'évangiles et d'actes apocryphes.
C'est à cette étude critique que M. I. Goldziher a consacré la première
partie du second volume de ses Etudes,[1] dont on comprend aisément l'importance comme travail préparatoire. Avant de se servir du trésor d'informations, contenu dans la masse des *hadith*, il fallait en vérifier l'authenticité
ou au moins la vraisemblance, à l'aide des moyens d'épreuve dont est armée
la critique européenne. Peut-être M. Goldziher est-il allé quelquefois un
peu loin dans le doute, mais, en pareil cas, l'excès de sévérité est moins
dangereux que le défaut contraire : il vaut mieux restreindre ses matériaux
que d'en admettre de douteux.

La seconde partie du second volume de ces Etudes a pour objet le culte
des saints dans l'islam. On a souvent cité le monothéisme rigoureux de
la profession de foi musulmane : " Il n'y a de Dieu qu'Allah et Mohammed
est le prophète d'Allah," et l'on a opposé cette simplicité apparente aux
complications des croyances et des dogmes du christianisme: cette ignorance,
doublée d'un plan de réforme absurde, se montre à chaque pas dans l'ouvrage
intitulé *Islam or true Christianism*, par M. E. de Bunsen.[2] Mais pour quicon-
que a fréquenté les Musulmans, et j'en parle par expérience, le monothéisme
n'existe que dans la formule, nullement dans les croyances. Malgré tous ses
efforts, le Prophète n'a pu arracher du cœur et de l'esprit de ses fidèles, le senti-
ment du merveilleux et du surnaturel, celui qui pousse l'homme à se créer des
intermédiaires entre lui et un Dieu d'autant plus inaccessible qu'il est plus
spiritualisé. De là le culte des saints, la croyance aux miracles et toutes
les légendes qui fleurissent dans le monde musulman, autant que dans
n'importe quelle religion, même le catholicisme, même le bouddhisme. Et
comme l'esprit humain est peu inventif, on s'est contenté de substituer des
saints musulmans aux saints chrétiens, comme ceux-ci, sur bien des points,
avaient remplacé les divinités locales du paganisme, héritant de leurs sanc-
tuaires, de leurs attributs et parfois même de leurs noms.

Les légendes religieuses de l'islam ont été l'objet de plusieurs études :
dans l'introduction de mon *Loqmân berbère*[3] j'ai essayé de rechercher quels
personnages se cachent sous ce nom, et je crois être arrivé à démontrer
que cette appellation désigne à la fois un roi mythique du Yémen, dont
l'existence est rattachée aux fabuleux Adites et à la catastrophe qui les
anéantit ; un aventurier du Hédjâz, comme la période anté-islamique en vit
beaucoup et dont quelques uns furent de grands poètes ; enfin, sous l'influence
du Qorân, le héros avisé devint un modèle de sagesse qui peu à peu se
confondit avec l'Esope des Grecs dont on lui prêta les aventures et enfin
les fables.

En Occident, le fondateur de l'islam fut le héros de nombreux récits
où la haine et la crainte se donnaient carrière. La vie et la mort de
Mohammed devinrent le sujet d'un grand nombre de légendes injurieuses
que M. d'Ancona, un des folk-loristes les plus érudits de nos jours, a

---

[1] *Muhammedanische Studien, ii.*, Halle, 1890, gd. in 8°.
[2] Londres, 1889, in 8°.
[3] Paris, 1890, in 12°.

réunies[1] et comparées avec les sources orientales dont l'altération a parfois donné lieu à ces récits. Parmi eux, l'on peut placer le poème de Mahomet, par Alexandre, dont M. Ziolecki vient de donner une nouvelle édition qui remplacera avantageusement celle de Reinaud, devenue introuvable.

Le paganisme arabe qui a exercé une grande influence sur la formation de l'islam, surtout en ce qui concerne les cérémonies du culte a été de nouveau étudié par M. Wellhausen.[2] Appliquant la méthode indiquée par Osiander et mettant à profit les nombreux renseignements épars dans la littérature arabe, il a composé un livre qui, sans être définitif sur ce sujet toujours ouvert à l'étude, n'en est pas moins une précieuse acquisition pour l'histoire des religions. L'on ne peut en séparer le substantiel compte rendu qu'en a donné M. Noeldeke,[3] et qui, par ses additions et ses rectifications, forme l'un des chapitres, et l'un des plus importants, de ce livre.

On ne peut guère signaler, sur le Qorân, que le commentaire très développé, compilation des recherches antérieures, dont la publication se continue[4] en Angleterre, mais les idées et les tendances de l'islam ont été exposées de main de maître dans le premier volume des Etudes de M. Goldziher dont je parlais plus haut.[5] En exposant le contraste qui existait entre les doctrines musulmanes et le caractère des anciens Arabes, conservé encore de nos jours chez les Bédouins nomades, il nous montre quelles difficultés l'islam a rencontrées dans sa marche, sur le terrain même qui l'avait produit : difficultés qui s'accrurent encore par l'antagonisme entre les Anṣârs et les Qoraïchites, les Qaisites et les Kelbites, dont les luttes avaient été déjà esquissées par le regretté Dożydans son *Histoire des Musulmans d'Espagne.*

Dans son mémoire sur l'origine du mouvement religieux et politique qui substitua la domination almohade à celle des Almoravides,[6] M. Goldziher a appliqué sa profonde connaissance des hommes et des choses de l'islam, ou plus exactement de la forme particulière que l'islam a revêtue dans le Maghreb, grâce à la persistance de l'élément berbère qui survécut, sur plusieurs points, à la disparition de la langue nationale. Ce mémoire qui a pour base principale la version arabe de l'ouvrage même du Mahdi Ibn Toumert, est un des plus importants qui aient trait à l'histoire politique et religieuse de l'Afrique septentrionale et devra, malgré quelques lacunes, servir de modèle à toutes les recherches de ce genre. Il est complété par un article[7] où M. Goldziher publie, d'après un manuscrit de Berlin, une des formules religieuses du Mahdi, qui manque à la version arabe du traité du *Morchida* existant à la Bibliothèque Nationale de Paris.

Le *Livre de la création et de l'histoire* écrit en 355 hég. (996 de J.C.) par Abou Zeïd Ahmed ben Sahl el Balkhi, considéré comme l'un des derniers grands philosophes de l'islam, appartient à la philosophie pour la

[1] *La leggenda di Maometto in Occidente*, 1889, in 8'.

[2] *Skizze und Vorarbeiten*, 3ᵉ fasc ; *Reste arabischen Heidenthums*, Berlin, 1887, in 8°.

[3] *Zeitschrift der deutschen morgenländischen Gesellschaft*, t. xli., 1887, p. 707-726.

[4] Wherry, *A comprehensive Commentary on the Quran*, t. iv., London, 1887, in 8°.

[5] *Muhammedanische Studien*, 1ère partie, Halle, 1889, in 8°.

[6] *Materialien zur Kenntniss der Almohadenbewegung* (*Zeitschrift der deutschen morgenländischen Gesellschaft*, 1887, t. xli., p. 30-140).

[7] *Zeitschrift der deutschen morgenländischen Gesellschaft*, t. xliv., 1890, p. 168.

première partie de son contenu, et à l'histoire pour la seconde. Parmi les chapitres les plus importants de cet ouvrage dont il annonce une édition, M. Huart signale[1] ceux qui sont consacrés à la réfutation des doctrines chrétiennes, juives, mazdéennes, harraniennes, et ceux qui contiennent l'exposé des croyances des Chinois, des Turks, des anciens païens arabes, des dualistes, etc.

A côté de la doctrine religieuse, la philosophie arabe occupe une place importante dans l'histoire des progrès de l'esprit humain. Le moyen âge n'a connu la science grecque que par l'intermédiaire des Musulmans. C'est dans cet ordre d'idées que le précieux ouvrage d'El Yaqoubi publié à Leyde il y a quelques années, a été, presque dès son apparition l'objet des recherches de M. Klamroth. Celui-ci s'est appliqué à mettre en lumière les emprunts faits par l'historien arabe aux écrivains grecs, mathématiciens, philosophes, astronomes,[2] dont plusieurs ont laissé des œuvres qui ne nous sont pas parvenues. Le travail de M. Klamroth prépare ainsi les matériaux d'une histoire des rapports entre la civilisation grecque et la civilisation arabe et de l'influence exercée par la première sur la seconde.

M. Renan avait autrefois pris pour sujet de thèse, Averroès, le grand représentant au moyen âge, de la doctrine aristotélicienne. M. Mœhren, bien connu par des publications d'histoire et de géographie, a choisi un philosophe arabe non moins illustre, Avicenne (Ibn Sina) et lui a consacré divers mémoires ayant pour but de bien établir son indépendance, comme fondateur d'une philosophie religieuse spéculative de l'islam, bâtie sur l'aristotélisme. En 1887, il publiait *l'Oiseau*, traité mystique ; en 1888 une étude sur la philosophie d'Averroès dans ses rapports avec celle d'Avicenne et de Ghazzali : en 1889[3] il commence la publication d'un des traités mystiques de son auteur, où celui-ci explique, sous le couvert de l'allégorie, comment il est parvenu, par ses méditations et ses recherches, à atteindre l'intellect actif, l'émanation de l'Etre Suprême, qu'il désigne sous le nom de Hayi ben Yaqzhan (vivant, fils du vigilant). A sa suite, il s'élance à travers le monde de la matière pour arriver au monde de l'Essence éternelle. On voit que le soufisme n'a pas inventé l'allégorie mystique.

Un écrivain moderne, fort peu connu d'ailleurs, 'Abd al Hadi ben Ridhouân, a composé sur le soufisme une compilation peu originale que M. Arnaud a publiée et traduite dans la *Revue africaine*.[4] On peut regretter que le traducteur n'ait pas songé à combler les lacunes de son texte à l'aide des nombreux ouvrages, français, étrangers ou orientaux qu'il aurait pu et dû consulter.

Les dangers qu'ont fait courir les bandes du Mahdi à la civilisation européenne établie en Egypte, ceux plus graves encore dont elle est menacée par l'action lente, mais sûre, des confréries religieuses musulmanes, au premier rang desquelles on doit signaler les Senoussis, enfin les progrès menaçants faits dans le continent noir par les prédications musulmanes,

[1] *Journal Asiatique*, juillet-août, 1887, p. 160-164.

[2] *Ueber die Auszüge aus griechischen Schrifstellern bis el Ya'qubi* (*Zeitschrift der deutschen morgenländischen Gesellschaft*, t. xli., 1887, p. 415-441 ; t. xlii, 1888, p. 1-44).

[3] Leyde, in 8°.

[4] *Etude sur le Soufisme, Revue africaine*, Nos. 189 et 191, 1887, 1838.

ont déterminé des recherches moins spéculatives que celles qui ont le soufisme pour objet. Deux courts travaux de M. Le Châtelier [1] qui a eu occasion d'étudier de près en Algérie, en Egypte, en Turquie, au Sénégal, et dans le Soudan, la renaissance religieuse à laquelle nous assistons et à laquelle on a donné le nom de panislamisme, renferment, sous une forme sobre et nette, de précieux renseignements sur le mouvement qui s'étend de la Chine au Maroc et menace les colonies européennes et les progrès de la civilisation.

§ 2. Quoique la littérature judéo-arabe du moyen âge ait sa place marquée dans une autre section et mérite à elle seule un compte rendu détaillé, il est impossible de la négliger dans une revue des études arabes. Je me contenterai d'une rapide énumération ; en première ligne, le *Livre des préceptes* du grand docteur juif Moïse ben Maïmoun, plus connu sous le surnom de Maïmonides, dont le *Guide des égarés* est un des monuments les plus importants de la littérature judéo-arabe. Le travail, dont il est question ici, publié par M. Bloch [2] a pour but de rectifier la classification inexacte donnée au VIIIe siècle par Simon Kahira, d'après le docteur palestinien du IIIe siècle. Simlaï, des 613 articles, prohibitions et commandements, composant le code religieux des Livres Saints. Un autre ouvrage arabe de Maïmonides, le *Commentaire de la Michnah, Seder Tohoroth* [3] a été publié avec une traduction hébraïque par M. J. Derenbourg dont on connaît la compétence et l'autorité dans ces sujets.

Des fragments de version arabe de la Bible ont été réunis par M. Jacob, sous forme d'une chrestomathie qui ne répond pas au but que se proposait l'éditeur.[4] Il vaut mieux citer la version arabe du livre de Job, par le célèbre rabbin Sadia Gaon, publiée avec le commentaire par M. Cohn [5] et qui remplacera avantageusement les fragments imprimés déjà dans les *Beiträge* de Dukes et d'Ewald. Après Guttmann, Munk et Kaufmann, M. Wolf a étudié les rapports établis par Sadia entre la philosophie et l'idée religieuse, celle-ci prise pour base, celle-là pour moyen d'action, pour arriver à la connaissance de l'infini.[6] Un autre ouvrage exégétique de Sadia a été publié et traduit par M. Mayer-Lambert.[7]

A la secte des Karaïtes à laquelle appartenait Sadia, se rattache Yefeth ben 'Ali le Karaïte, dont M. Margoliouth nous fait connaître le *Commentaire du livre de Daniel* ;[8] ce livre a de l'importance comme témoignage de l'activité de cette secte au moyen âge ; en outre les allusions historiques qu'on y trouve çà et là sont curieuses à constater, et si, au point de vue de l'exégèse, de l'hébreu et de l'araméen, nous avons peu de chose à en tirer, du moins sa langue a fourni à M. Margoliouth l'occasion de faire quelques additions au *Supplément* de Dozy.

[1] *L'islam au XIXe. siècle*, Paris, 1888, in 18° ; *Les confréries religieuses du Hedjaz*, Paris, 1887, in 18°.

[2] Paris, 1888, in 8°.

[3] Berlin, 1887, 2 v., in 8°.

[4] *Arabische Bibel-Chrestomathie*, Berlin, 1888, in 8°.

[5] Altona, 1889, in 4°.

[6] *Ein Wort über Religion und Philosophie nach Auffassung Sa'adia al Fajjumi's* (*Zeitschrift der deutschen morgenländischen Gesellschaft*, 1890, t. xliv., p. 154-164).

[7] *Commentaire sur la Sefer Yesira*, Paris, 1891, in 8°.

[8] Oxford, 1889, in 4°.

M. Grunbaum a consacré un mémoire à la manière dont ce monde et l'autre vie ont été désignés par les auteurs arabo-persans et juifs du moyen-âge :[1] les expressions métaphoriques et les paraboles auxquelles ils ont donné naissance ont une place spéciale dans la rhétorique et l'histoire des traditions comparées. Le *Livre des parterres fleuris* d'Abou'l Walid Merouan ibn Djanah, grammaire hébraïque en arabe d'une médiocre valeur, et dont le texte avait été publié par M. J. Derenbourg, a été traduit en français par M. Metzger.[2]

Un sujet plus curieux est l'histoire des polémiques engagées entre Juifs et Musulmans ; les premiers essayant, autant que le leur permettait une tolérance intermittente, de justifier leur attachement à une croyance qui, aux yeux des Chrétiens et des Musulmans, avait réguliérement pris fin soit par la venue du Christ, soit par la mission de Mohammed. Reprenant l'étude d'un sujet dont M. Steinschneider avait tracé les grandes divisions et dressé la bibliographie, M. Schreiner a exposé les trois questions fondamentales de cette polémique :[3] la falsification de la Bible, les points d'attache de l'enseignement islamique avec les Ecritures, enfin, l'abrogation de la loi. Il a recherché comment plusieurs polémistes, traditionnistes et historiens, surtout Mas'oudi, El Birouni, Ibn Hazm, Ibn Zoufr, Fakhr ed Din Razi ont traité ces questions, et la défense présentée par les Karaites et les Gaonites, ainsi que par Yehouda Hallevy et Abraham ben Daoud.

§ III. M. Guidi a étudié et classé les différentes versions arabes des Evangiles :[4] celles qui sont dérivées d'un texte grec et dans un fragment desquelles on a cru voir une version antérieure à l'islam : celles dérivées de la *pechita* syriaque ou corrigées d'après elle ; celles traduites d'un texte copte ; les deux recensions faites au XIII⁰ siècle par l'ordre du patriarche d'Alexandrie, enfin les versions, d'origine syriaque en principe, mais présentant, par leur rédaction, parfois en prose rimée, des différences considérables avec les précédentes. Le même auteur a donné aussi la description d'un manuscrit arabe des Evangiles,[5] datant du XIII⁰ siècle et contenant la recension vulgaire alexandrine, d'origine égyptienne. Ce manuscrit a une importance exceptionnelle, en ce qu'il est le plus ancien qu'on connaisse, et que deux notes marginales nous apprennent qu'il a été collationné sur l'original. Citons aussi la publication de la version arabe des Harmonies de Tatien.[6]

M. Amélineau, qui s'est attaché avec persévérance et avec succès, à l'histoire du christianisme en Egypte, a donné, dans un des volumes des Annales du Musée Guimet, les textes coptes et arabes de la Vie de S. Pakhôme.[7] Cette publication a sa valeur au point de vue de l'histoire

---

[1] *Die beiden Welten bei den arabisch-persischen und bei den jüdischen Autoren* (*Zeitschrift der deutschen morgenländischen Gesellschaft*, t. xlii., 1888, p. 258-299).

[2] Paris, 1889, gd. in 8°.

[3] *Zur Geschichte der Polemik zwischen Juden und Mohammedanern* (*Zeitschrift der deutschen morgenländischen Gesellschaft*, t. xlii., 1888, p. 591-674.

[4] *Le traduzione degli Evangelii in arabo e in etiopico*, Rome, 1888, in 4°.

[5] *Note miscellanee : Un codice arabo degli Evangelii* (*Giornale della Società asiatica italiana*, iiie. vol., 1889, p. 169-173).

[6] A. Casca, *Evangeliorum harmonicæ arabicæ*, Rome, 1888, in 4°.

[7] *Monuments pour servir à l'histoire de l'Egypte chrétienne au IV⁰. siècle*, Paris, 1889, in 4°.

ecclésiastique, si l'on songe que S. Pakhôme est en réalité le fondateur et l'organisateur de la vie monastique en Egypte et qu'il fut le créateur de cette milice de moines qui joua un grand rôle, et souvent un rôle odieux, dans la christianisation à outrance de l'Egypte et dans les persécutions dont les chrétiens d'abord, les orthodoxes ensuite, furent les victimes. Espérons que M. Amélineau continuera la tâche de successeur des Renaudot et des Vansleb qu'il s'est imposée et que mieux que personne, il est à même de remplir. On peut citer ici sa traduction des légendes chrétiennes d'Egypte,[1] dont plusieurs nous ont été conservées par une version arabe. L'une d'elles, intitulée ' *Comment le royaume de David passa aux mains du roi d'Abyssinie*' est un résumé de quelques chapitres du célèbre roman national éthiopien le ' *Fetha Nagast.*'

§ iv. Sur le droit musulman, on ne peut guère signaler d'ouvrage important en dehors de la traduction annotée de la *Tohfah* d'Ibn 'Acem, par MM. Houdas et Martel,[2] qui facilite l'étude d'un des textes les plus autorisés du droit malékite. On ne saurait citer comme ayant une valeur scientifique la concordance de Sidi Khalil par M. Fagnan, chargé de cours complémentaire à l'Ecole des Lettres d'Alger : ce n'est qu'un index alpha bétique du volume publié par la Société asiatique de Paris : un semblable travail n'aurait eu d'utilité que si l'auteur avait eu soin de donner une traduction des termes juridiques et un renvoi aux commentaires imprimés qui peuvent éclaircir les passages obscurs du manuel de Sidi Khalil. Sans m'arrêter à cette spéculation de librairie sans aucune valeur, je mentionnerai le *Traité des successions musulmanes*, extrait du commentaire de la *Rahbia* par Ech Chenchouri, traduit par M. Luciani ;[3] et pour le droit hanéfite, le traité des successions de Moḥammed 'Abd el Qâder, traduit par M. Hirsch.[4]

La vie de l'imâm Ech Chafei et de ses principaux disciples a été écrite par M. Wüstenfeld[5] et forme une de ces monographies où le patriarche des études arabes a accumulé les résultats d'une vaste lecture.

§ v. Dans le domaine de l'histoire, constatons l'achèvement de la publication des *Annales* d'Et Tabari. Cette œuvre considérable, entreprise par un groupe de savants, dont quelques uns ont succombé avant de voir la fin de leur tâche, a été commencée en 1878 et on peut la considérer comme terminée : il ne manque plus que la fin de la première partie et les index. Il serait superflu de faire l'éloge des derniers volumes parus ;[6] les noms des éditeurs, MM. D. H. Müller, De Jong, I. Guidi, Prym et surtout de Goeje, le directeur de l'œuvre, sont une garantie plus que suffisante.

On sait que les historiens, ou plutôt les chroniqueurs arabes ont l'habitude de se reproduire, en s'abrégeant, les uns les autres. C'est ainsi qu' Ibn el Athir a reproduit Tabari ; Abou'l féda, Ibn el Athir ; Ibn el

---

[1] *Contes et légendes de l'Egypte chrétienne*, Paris, 1887, 2 v., in 18°.

[2] 6e fascicule, Alger, 1890, in 8°.

[3] Paris, 1891, in 8°.

[4] *Der überfliessende Strom in der Wissenschaft des Erbrechts der Hanefiten und Schafaiten*, Leipzig, 1891, in 8°.

[5] *Der Imâm Ech Chafei und seine Anhænger*, Gottingen, 1890-91, 2 fasc. in 4°.

[6] Leyde, 1888-1890, t. vi. et vii. de la première série ; t. i.-v. et vi. de la seconde ; t. viii. de la troisième.

Ouardi, Abou 'l féda. La partie originale de chacun commence à l'endroit où s'arrête son prédécesseur. M. Brockelmann a voulu étudier les rapports qui existent entre Ibn el Athir et son modèle Tabari :[1] dans les parties communes, celui-ci aide à comprendre son abréviateur : le fait contraire se présente parfois, mais il est rare qu'Ibn el Athir complète Tabari. En tout cas, la richesse des *isnâd* cités par ce dernier lui assure une immense supériorité, car ce sont eux seuls qui permettent d'appliquer aux faits de l'histoire civile de l'islam les règles de la critique historique.

Jusqu'à présent, l'histoire financière du Khalifat abbaside ne nous était connue que par trois documents indiquant le budget des recettes sous cette dynastie : Ibn Khaldoun pour la période de 158 à 170 ; Qodama, de 204 à 237, Ibn Khordadbeh, de 231 à 260. M. de Kremer a comblé l'une de ces lacunes par la découverte, dans une histoire des vizirs et des secrétaires par Moḥammed el Djahchiari, de l'état des revenus du trésor au temps de Haroun er Rachid,[2] et l'a complétée par des renseignements tirés de Wassaf que n'avait pu utiliser M. de Hammer, en raison de la difficulté du déchiffrement de l'écriture diwâni. C'est dans l'ouvrage du même auteur, en y ajoutant les données du *Kitâb el A'iân* de Hilâl eṣ Ṣabi, que M. de Kremer a puisé les éléments de son travail sur le budget de l'année 306 de l'hégire,[3] sous le Khalifat d'El Moqtadir, tel qu'il avait été établi par le célèbre financier et homme d'état, 'Ali ben ' Isa. On voit quelle est l'importance de ces travaux pour l'histoire de l'administration musulmane, histoire qui est encore à faire et qu'on a à peine soupçonnée jusqu'à présent.

Le livre d'Abou Ḥanifah ed Dinaweri qui vécut pendant presque tout le IXᵉ. siècle de notre ère et mourut en 895, a été publié par M. Guirgass[4] qui succomba avant l'achèvement de sa tâche. Celle-ci fut terminée par M. de Rosen qui avait autrefois signalé la valeur des *Longues histoires*. Abou Hanifah, connu surtout comme botaniste, est un historien à tendances chi'ites, et son livre, d'où les proportions sont absentes, n'en est pas moins utile pour l'histoire des Sassanides de Perse, et surtout de la famille de ' Ali et de ses tentatives aussi malheureuses que fréquentes pour regagner le pouvoir : il s'arrête à l'an 227 hég. (842 de J. C.) à la mort d'El Mo'taṣim billah et a été pillé souvent par Ibn Qotaïbah.

Il y a plus d'un quart de siècle, M. Barbier de Meynard publiait le *Livre des routes et des provinces* d'Ibn Khordadbeh, un des auteurs les plus féconds et les plus variés du IIIᵉ. siècle de l'hégire. Etant donné l'état de l'unique manuscrit d'Oxford qui avait servi à cette édition, celle-ci était un chef d'œuvre de sagacité et d'érudition. La découverte d'un nouveau et excellent manuscrit par M. de Landberg, a permis à M. de Goeje de faire entrer ce texte précieux[5] dans la collection des Géographes arabes et de

---

[1] *Das Verhältniss von Ibn al Athir's Kâmil zu Tabari's Aḫbâr errusul wa'l mulûk,* Strasbourg, 1890, in 8°.

[2] *Ueber das Budget der Einnahmen unter der Regierung des Harûn al Raschid,* Vienne, 1887, in 8°.

[3] *Ueber das Einnahmebudget des Abbasiden-Reiches vom Jahre* 306, Vienne, 1887, in 8°.

[4] *Kitab al Aḫbâr at ṭiwal,* Leyde, 1888, in 8°.

[5] Leyde, 1889, in 8°.

l'accompagner de notes et d'un glossaire où la science de l'éditeur s'est donné un large cours.

Depuis que Pococke avait fait paraître au milieu du XVIIe. siècle son édition de la chronique arabe de Bar Hebræus Abou'l faradj, la science avait fait des progrès et, outre que l'édition du professeur d'Oxford était devenue très rare, elle ne laissait pas que d'avoir besoin de nombreuses corrections. Une nouvelle édition était nécessaire : le P. Salhani la donna à Beyrout,[1] avec tout le soin désirable. Pour n'avoir pas la valeur de ses deux chroniques syriaques, l'ouvrage de l'évêque jacobite n'en est pas moins utile, comme tableau d'ensemble des dynasties musulmanes, et surtout à cause des détails qu'il renferme sur l'époque des Moghols dont il a vu l'invasion. Il serait à désirer que l'école de Beyrout entreprit, comme suite à Bar Hebræus, la publication des autres historiens chrétiens, orientaux, Eutychius, Sévère d'Ochmounaïn, Michel de Tanis, etc. Nous lui devons déjà l'édition de *l'Histoire des Maronites*[2] par le patriarche d'Antioche Stifân ed Douaihi el Ouhdouni, mort en 1704. Cet ouvrage, composé d'après des manuscrits de la bibliothèque du patriarchat maronite de Bekerké, s'arrêtait à l'élection de S. Jean Maron (685) : Rachid el Khouri qui en est l'éditeur, a complété l'œuvre historique du patriarche, en donnant d'après des sources pour la plupart inédites, le sommaire des évènements allant de 685 à 1703.

M. Fischer a publié de nouveaux extraits des ouvrages d'Edz Dzahâbi et d'Ibn en Naddjâr[3] d'où il avait tiré les biographies des autorités citées par Ibn Hichâm. Les fragments qu'il donne contiennent, entre autres biographies intéressantes, celles de Mohammed ben Ishaq, l'un des auteurs du *Sirat er Resoul*, de trois de ses principaux disciples, d'El Ouaqidi et de Ouahb ben Monabbih, deux des écrivains les plus importants pour l'histoire des premiers siècles de l'islam.

M. Müller a terminé son édition de la Géographie de la péninsule arabique par El Hamadani,[4] que M. Sprenger considérait comme l'ouvrage le plus important que les Arabes eussent composé sur la géographie. Sans aller aussi loin, il est certain que ce livre, joint à ceux d'El Bekri et de Yaqout, est un des plus indispensables à l'étude, non seulement de la géographie, mais même de la poésie anté-islamique à cause des nombreuses citations de poètes qu'il renferme. Le second volume comprend l'apparatus critique et les index rédigés avec le plus grand soin.

Les récents voyages dans l'intérieur de l'Arabie ont fourni pour certains points, le meilleur commentaire et les éclaircissements les plus sûrs des données souvent obscures que nous devons aux géographes, aux lexicographes et aux commentateurs arabes. C'est à ce point de vue que le voyage en Arabie de M. Doughty,[5] si important déjà pour l'épigraphie, a

---

[1] *Tarikh mokhtasar eddoual,* Beyrout, 1890, in 8°.

[2] Beyrout, 1891, in 8°.

[3] *Neue Ausziige aus ad Dahabi und Ibn an Naggar* (*Zeitschrift der deutschen morgenländischen Gesellschaft,* t. xliv., 1890, p. 401-444).

[4] *Al Hamdani's Geographie der arabischen Halbinsel,* 2e partie, Leyde, 1891, in 8°.

[5] *Travels in Arabia Deserta,* 2 v. in 8°, Cambridge, 1888.

été utilisé par M. Sprenger, un des auteurs les plus autorisés sur cette matière.[1]

A ce titre, on doit aussi mentionner la description que M. Snouck Hurgronje a donnée de la Mekke, après un séjour de six mois dans la métropole religieuse de l'islam.[2] Une des parties les plus importantes de ce livre remarquable, est l'histoire des chérifs de cette ville, retracée d'après des chroniques qui sont encore inédites. La vie actuelle à la Mekke tient une place considérable dans ces deux volumes, bien que les cérémonies du pèlerinage n'y soient point décrites de visu. Un chapitre est consacré à l'enseignement scientifique à la Mekke et renferme des renseignements curieux, bien que l'auteur parte d'une thèse au moins excessive.

Tandis que la découverte des inscriptions sabéennes renouvelait l'histoire de l'Arabie heureuse pour laquelle, en dehors des courts renseignements fournis par les Grecs et les Syriens, nous n'avions que les récits plus légendaires qu'historiques, conservés par les écrivains arabes, on en était resté pour l'histoire des pays du nord, et en particulier des états à demi-nabatéens de Hira et de Ghassân, à l'ouvrage, aujourd'hui bien en retard, de Caussin de Perceval. M. Glaser a essayé de combler cette lacune dans un ouvrage non mis dans le commerce et que, pour cette raison, je ne puis que mentionner, ne l'ayant pas eu sous les yeux. Mais un mémoire de M. Noeldeke sur les princes Ghassanides,[3] jette une nouvelle lumière sur la chronologie et la généalogie des rois de Ghassân, d'autant que, dans ses recherches, l'auteur a exercé une critique sévère relativement aux sources, et, rejetant les additions postérieures qui tiennent plus du folk-lore que de l'histoire, il a reconstitué, sur des bases aussi solides qu'il se pouvait, une série de faits définitivement hors de conteste. Puisse la même méthode être appliquée avec le même succès au reste de l'histoire anté-islamique.

La littérature descriptive et historique de l'Inde s'est enrichie par la publication de l'ouvrage le plus important que les Musulmans aient consacré à ce pays, sans en excepter Wassâf, Ferichtah et les historiens locaux. Moḥammed Ben Aḥmed el Birouni, qui acccompagna le sultân Maḥmoud le Ghaznévide dans ses campagnes dans l'Inde, recueillit, grâce à sa position et son zèle scientifique, un vrai trésor de renseignements sur l'histoire, l'astronomie, les religions, la philosophie, les coutumes, et les monuments ; mais, par une rare mauvaise fortune, son livre, dont Reinaud dans ses *Fragments sur l'Inde* avait fait pressentir l'importance, toujours sur le point d'être publié, était cependant resté inédit jusqu'au jour où M. Sachau, désigné naturellement pour cette tâche, par sa publication et sa traduction de la chronologie du même auteur, nous donna le texte et la traduction de l'ouvrage capital d'El Birouni,[4] en surmontant les difficultés que présentait la langue barbare de l'auteur, jointes à celles qu'offrait le sujet en lui même.

La partie arabe d'une inscription d'une mosquée de Canton, élevée en

[1] *Die arabischen Berichte über das Hochland Arabiens beleuchtet durch Doughty's Travels in Arabia Deserta* (*Zeitschrift der deutschen morgenländischen Gesellschaft*, t. xlii. 1888, p. 321-340).

[2] *Mekka*, La Haye, 1888, 2 v., gd. in 8°.

[3] *Die Ghassânischen Fürsten aus dem Hause Gafna's*, Berlin, 1887, in 4°.

[4] *Al Biruni's India*, Londres, 1887-88, 2 v. in 8°.

l'an 791 hég. (1350) a fourni à M. Himly l'occasion de faire sur l'introduction de l'islam en Chine, du VIIᵉ au Xᵉ siècle de notre ère, des
recherches[1] qui éclaireront cette période peu connue qu'obscurcissent
encore des légendes et des traditions sans valeur historique.

Dans ces dernières années, la Palestine a fourni, au point de vue de
l'épigraphie et de l'histoire, des documents importants, parmi lesquels il
faut citer la pierre milliaire portant le nom du Khalife 'Abd el Melik
(65-86 hég.)[2] et placée sur la route de Damas à Jérusalem, sans doute à
l'époque où le Khalife, s'appuyant sur un hadith du Prophète, s'efforça de
détourner vers cette dernière ville, les pèlerinages dirigés vers la Mekke,
alors aux mains de son rival, 'Abd Allah ben Zobéir. Une autre inscription,
signalée et étudiée également par M. Clermont-Ganneau[3] permet de fixer
à l'an 155 hég. (771 de J. C.) la construction par le Khalife El Mahdi, de la
mosquée d'Ascalon, sur laquelle les historiens arabes ne nous avaient transmis que des données incomplètes ou erronées. Il faut encore citer de
l'infatigable archéologue une notice sur le pont de Lydda et sur l'inscription qui nous apprend qu'il fut construit par le sultan égyptien Beïbars ;[4]
il a également reconstitué la biographie d'un personnage du commencement
du VIIᵉ siècle de l'hégire, El Melik el 'Aziz 'Othmân, neveu de Saladin et
seigneur de Banyâs.[5] Les inscriptions du château de Soubeibe, à Banyâs,
et plusieurs autres intéressant l'histoire des croisades ont été étudiées avec
le plus grand soin par M. Van Berchem.[6]

Le temple de Jérusalem, souvent décrit par les historiens arabes, avait
été l'objet d'un ouvrage spécial, composé en 1470 de notre ère, par
Kemâl eddin es Soyouti, différent du célèbre polygraphe de ce nom. La
traduction anglaise de ce livre, publiée en 1836 par le Rév. Reynold, sous
les auspices de la Society of oriental translations était remplie de fautes et
d'inexactitudes, le traducteur n'ayant pas pris la peine de comparer les
données de son auteur avec celles que fournissent d'autres écrivains
orientaux. Aussi M. Guy Le Strange a-t-il rendu un service signalé à ceux
qui s'occupent de l'histoire de l'art arabe en relevant une partie des erreurs
de son prédécesseur[7] et en donnant trois extraits du *Mozhir el Gharam*,
relatifs au même sujet.

L'apparition de la première partie du tome second du *Recueil des
historiens arabes des croisades*,[8] préparée par M. Defrémery, a été retardée
par la maladie et la mort du savant professeur du Collège de France. La
tâche de terminer ce travail est échue à M. Barbier de Meynard qui a dû

---

[1] *Die Denkmäler der Kantoner-Moschee* (*Zeitschrift der deutschen morgenländischen
Gesellschaft*, t. xli., 1887, p. 141-174).

[2] Clermont-Ganneau, *Notes d'épigraphie et d'histoire arabes ; I. Une pierre milliaire
arabe du Iᵉ siècle de l'hégire* (*Journal asiatique*, avril-mai-juin, 1887, p. 472-485).

[3] *Notes d'épigraphie et d'histoire arabes II.*, *Journal asiatique*, avril-mai-juin, 1887,
p. 485-491).

[4] *Notes d'épigraphie et d'histoire arabes* (*Journal asiatique*, novembre-décembre, 1887 ;
septembre-octobre, 1888).

[5] *Notes d'épigraphie et d'histoire arabes* (*Journal asiatique*, novembre-décembre, 1887).

[6] *Les inscriptions du château de Bânyâs* (*Journal asiatique*, novembre-décembre, 1888).

[7] *Description of the noble Sanctuary at Jerusalem in* 1470 (*Journal of the Royal Asiatic
Society*, April, 1887, p. 247-309).

[8] Paris, 1887, in f°.

·également refaire à nouveau le travail commencé par M. de Slane pour le tome III. Dans les dernières années de sa vie, celui-ci, malade et fatigué, s'était associé un individu en qui il croyait pouvoir avoir confiance pour cette tâche; mais M. de Slane mort, les traductions de ce prétendu auxiliaire durent être jetées au feu, d'où un retard et un surcroît de besogne. La seconde partie du tome II. comprend la fin des extraits d'Ibn el Athir et les extraits du *Collier de perles* d'El 'Aïni. Elle traite de la période de décadence des états chrétiens d'Orient, malgré quelques succès éphémères, et va depuis la prise de Jérusalem par Saladin jusqu'à celle de Djabala par les Francs en 628 hég. (1230). Le siège de S. Jean d'Acre et la cession de Jérusalem par Saladin à Frédéric II. sont les évènements les plus importants de ce récit dont l'utilité a été depuis long-temps reconnue. L'extrait de Bedr eddin el 'Aïni contient l'histoire de la croisade et de la captivité de S. Louis.

Une des figures les plus curieuses de l'histoire des Croisades est celle de cet émir Syrien, dont M. H. Derenbourg a eu la bonne fortune de retrouver l'autobiographie presque complète, dans un manuscrit de l'Escurial. Poète et guerrier, seigneur de Chaïzar, issu des Benou Monqidz, il fut mêlé aux luttes de la première heure contre les croisés, et son livre fait revivre les sociétés chrétienne et musulmane qui devaient se heurter en Syrie et constituer ensuite, par leur mélange, une civilisation moitié féodale, moitié orientale, dont le *"Livre des exemples"* d'Ousama ben Monqidz est une peinture aussi vive que fidèle. Le texte a paru en 1885 et dans les chapitres I.-V. de la première partie,[1] M. H. Derenbourg a commencé la vie de son héros, en prenant pour base l'autobiographie et en s'aidant de nombreux documents orientaux et occidentaux. C'est à Ousama, et aux publications dont il a été l'objet, que M. de Landberg a consacré le second fascicule de sa *Critica arabica*,[2] qu'on ne pourra se dispenser de consulter, malgré ce que la forme a quelquefois d'acerbe.

Nous devons aussi à M. de Landberg la publication d'un texte impor-tant pour l'histoire des croisades.[3] C'est l'ouvrage dans lequel 'Imâd ed Din, le secrétaire et le confident de Nour ed Din et de Salah ed Din, et bien placé pour connaître de source certaine les secrets d'Etat et les projets de ses maîtres, fait le récit des évènements arrivés depuis 583 hég. (1187) avant la bataille de Tibériade jusqu'à la mort de Salah ed Din, et en particulier la prise de Jérusalem par les Musulmans. Malheureusement l'auteur a cru devoir employer un style fleuri et orné, obscur à force de jeux de mots et d'allusions lointaines, qui serait plus à sa place dans les Maqâmât, et dont les ouvrages de 'Otbi et d'Ibn 'Arabchah nous ont laissé de si déplorables modèles. Aussi le second volume, annoncé par M. de Landberg, et qui contiendra l'appareil critique, le glossaire et les notes donnera-t-il à cette relation toute la valeur qu'elle mérite. 'Imâd eddin avait également consacré les fleurs de sa rhétorique à orner l'histoire de la branche des Seldjouqides, établie dans l'Irâq, d'après le texte persan d'Anouchirwân ben Khâled qui n'est pas parvenu jusqu'à nous. Dans la

---

[1] *Ousâma ben Mounkidh*, 1ère partie, ch. i.-v., Paris, 1889, gd. in 8°., t. xii. de la 2° Série des publications de l'Ecole des Langues Orientales.

[2] Leyde, 1888, in 8°.

[3] *Conquête de la Syrie et de la Palestine*, t. I., Leyde, 1888, in 8°.

collection de textes relatifs à l'histoire des Seldjouqides, M. Houtsma a publié, non l'œuvre du rhéteur d'Ispahan,[1] mais l'abrégé qu'en fit El Bondari, débarrassé de tous les ornements d'une rhétorique de mauvais goût.

L'histoire de l'Egypte musulmane, comme celle de l'Egypte ancienne ne peut être séparée de celle de ses monuments, et le chapitre consacré par Maqrizy aux mosquées du Qaire, par exemple, est un véritable abrégé des annales de l'Egypte. C'est de là que M. E. K. Corbett a tiré une partie des matériaux de son ouvrage où il décrit la plus ancienne mosquée égyptienne,[2] celle que bâtit le conquérant 'Amr ben el 'Ass. Dans cette monographie très complète et accompagnée de photographies qui en augmentent l'importance, l'auteur, après avoir décrit la mosquée dans son état actuel, remonte à l'histoire de sa fondation, de sa construction et des vicissitudes qu'elle subit dans le cours des âges, sans oublier les légendes populaires dont elle est encore l'objet aujourd'hui. Un autre mosquée du Qaire, la Djami el Djoyouch, élevée par le Khalife El Mostanṣir billah 489 hég'.) a été également étudiée par M. Van Berchem[3] d'après les données fournies par Maqrizy. Un autre travail non moins important, pour lequel Maqrizy (ainsi que dans une mesure moindre, Naṣir ed din Khosrau et Ibn Tagri Berdi) sert encore de guide, est le mémoire dans lequel M. Ravaisse essaie de refaire le plan du Qaire[4] et de ses transformations successives sous les Fatimites et les Mamlouks. Il faut encore citer l'étude[5] où le même archéologue croit pouvoir placer sous le Khalife fatimite El Amir (1125-1135) l'évolution qui substitua l'art purement arabe à la forme byzantine.

Une inscription d'une coupe arabe a permis à M. Casanova[6] de retrouver le nom d'un prétendant fatimite qui, après la chute de cette dynastie, faillit remonter au pouvoir, grâce à une coalition qui réunissait les Ismaeliens de Syrie, les Franks, les derniers partisans des Fatimites et les nègres d'Assouan. Sinân, le grand-maître des Assassins, dont St. Guyard a écrit la vie, était sans doute l'âme de ce complot. Aussi lorsque Salaḥ ed Din se fut accordé avec lui, sa défection réduisit à néant la tentative d'Abou'l 'Abbâs Zhahir pour arriver à rétablir en sa personne l'imâmat fatimite.

Après Ibn Khaldoun, et avant l'établissement définitif des Turks en Algérie, il existe une période de plus d'un siècle dont l'histoire est peu connue et ne l'est guère que par des documents étrangers, en grande partie espagnols, qu'on peut accuser d'inexactitude et de partialité. Quant aux renseignements indigènes, il faut les chercher dans divers ouvrages, biographies d'écrivains célèbres, jurisconsultes surtout, originaires de telle ou telle ville, Tlemcen ou Bougie, par exemple ; suppléments à ces biographies, inscriptions funéraires, etc. C'est ainsi que M. Bargès, bien connu par ses études antérieures sur Tlemcen, études qui datent d'un demi-

---

[1] *Histoire des Seldjoucides de l'Iraq*, Leyde, 1889, in 8°.

[2] *The history of the Mosque of Amr at Old Cairo* (*Journal of the Royal Asiatic Society*, octobre, 1890, p. 759-800).

[3] *Mémoires de l'Institut égyptien*, 1888, p. 605-620.

[4] *Essai sur l'histoire et la topographie du Caire* (*Mémoires de la mission du Qaire*, 1887, iii°. fasc, p. 409-480).

[5] *Mémoires de l'Institut égyptien*, 1888, p. 605-620.

[6] *Notice sur une coupe arabe* (*Journal asiatique*, mars-avril, 1891, p. 323-330).

siècle, a tracé l'histoire civile et littéraire de cette ville, depuis l'avènement des Beni Zeyân,[1] d'abord en s'aidant des deux frères Yaḥya et 'Abd er Raḥman ibn Khaldoun, d'Et Tenessi, d'Ez Zerkechi, du Qarṭâs, puis d'Ibn Meryem, d'Aḥmed Baba, d'El Ghobrini, enfin de quelques renseignements épars chez les historiens marocains. Parmi les grandes figures qui se détachent dans ce livre, on doit citer celle de Yaghmourasen, le fondateur de la dynastie des Beni Zeyân, et celle d'Es Senousi, le grand théologien arabe du XV[c]. siècle. Il serait à désirer que chacune des grandes villes de l'Algérie fût l'objet d'une monographie aussi consciencieuse.

C'est parmi les ouvrages traitant de l'histoire de l'Afrique septentrionale que je classerai la *Chrestomathie maghrebine* de M. Houdas,[2] les principaux chapitres qui la composent étant relatifs à l'établissement des Turks : un extrait de l'historien tunisien Si Hamouda, sur Aroudj et Khaïr eddin, qui dérive du Ghazaouât ; un fragment, sur le même sujet, d'un certain Moḥammed ben 'Abd Allah, son contemporain, écrit dans le style rimé le plus fleuri et le plus insupportable qu'on puisse imaginer. Je mentionnerai aussi la biographie du jurisconsulte Soḥnoun par Ibn en Nadji et le poème où Ibn el Khaṭib a rimé en style didactique un abrégé de l'histoire de la dynastie des Hafsites. Ajoutons qu'un glossaire très soigné augmente la valeur de cet excellent petit livre.

On sait que le sultan Solaïman demanda à Khair eddin, lorsqu'il se fixa définitivement à Constantinople, un récit de ses aventures : il fut écrit par Sinân tchaouch, d'après les renseignements fournis par l'ancien corsaire, devenu grand amiral de la flotte ottomane. A la place du rarissime texte turk imprimé à Constantinople, on s'était contenté jusqu'ici de versions arabes manuscrites ; il faut y joindre désormais la traduction espagnole faite sur le turk en 1578 par Giovan Luigi Alçamora, secrétaire du roi Philippe II., dont M. Pelaez vient de donner une version italienne[3] qui sera fort utile à défaut d'un texte oriental accessible ailleurs que dans la mauvaise traduction publiée par Sander Rang et Denis.

Dans un travail récent,[4] j'ai publié, outre les textes arabes inédits, une traduction destinée à rectifier les erreurs de celles placées sous le nom de Venture de Paradis et en me bornant à ce qui concerne le siège d'Alger en 1541 où la victoire de Hasan-agha, aidé par une violente tempête, servit la cause de la civilisation générale qu'eût gravement menacée la victoire de Charles Quint.

Au début de leur domination, les Turks s'efforcèrent, par tous les moyens, de s'attacher les marabouts qui avaient une très grande influence sur les populations indigènes et contrebalançaient l'autorité des petites dynasties établies à Tlemcen, à Bougie, à Constantine, etc. Un des plus célèbres est Sidi Aḥmed ben Yousof, de qui la branche des Rachidia, fraction de la confrérie des Chadelya, tire son nom et son origine. De nos jours, il est surtout connu par les dictons satiriques qu'on lui attribue, souvent sans aucune vraisemblance. Ces courtes satires, qui reposent

---

[1] *Complément de l'histoire des Beni Zeiyân*, Paris, 1887, in 8°.
[2] Paris, 1891, in 12°.
[3] *La Vita e la Storia di Ariadeno Barbarossa*, Palerme, 1887, in 8°.
[4] *Documents musulmans sur le siège d'Alger en* 1541, Paris et Oran, 1890, in 8°.

généralement sur l'homophonie et l'allitération, dirigées contre les villes et les tribus, sont une des formes, et non des moins piquantes, de l'esprit populaire arabe, et à ce titre, méritaient d'être recueillies. J'ai pu en rassembler 118,[1] alors que la collection du général Daumas, le plus complet de mes prédécesseurs, n'en comprenait que 31.

M. Guin a fait l'histoire de la suppression d'un manuscrit[2] par des intéressés dont l'ouvrage froissait la vanité et détruisait les prétentions. Un commentaire que le célèbre polygraphe Abou Râs avait composé sur le traité d'Abou Zeïd ben 'Abd er Raḥmân et Tedjini, relatif aux généalogies des principaux personnages de l'Eghris, fut, après sa mort, emprunté à son fils, mufti de Mascara, et soigneusement détruit pour consacrer des usurpations nobiliaires dénoncées par Abou Râs.

Les Règlements militaires d'Abd el Qâder méritaient d'être connus autrement que par la médiocre traduction de Rosetty : ils ont été publiés, traduits et annotés par M. Patorni,[3] d'une manière à peu près satisfaisante. Il est intéressant de connaître par quels moyens et quelles ressources le fils de Mahi eddin lutta contre la France pendant plus de dix ans et retarda la conquête de l'Algérie, grâce, il est vrai, à l'appui inconscient d'une Chambre hostile aux questions algériennes et coloniales. Mais l'on se tromperait si l'on prenait, sans restrictions, ce volume pour base d'une étude sur l'organisation de l'armée d'Abd el Qâder. Ces règlements, composés à la veille de la reprise des hostilités, restèrent pour la plupart à l'état de projet : l'émir se réservait de les appliquer quand le moment serait propice : ce moment n'arriva jamais. Nous savons ce qu'il avait l'intention de faire : le traducteur aurait dû signaler cette différence pour épargner une méprise aux futurs historiens de l'Algérie, et indiquer tout ce qui, dans ces règlements, resta lettre morte et n'a pas d'importance dans le domaine des faits.

Pour être moins obscure que celle d'Algérie, l'histoire du Maroc ne nous était guère connue que par les relations des chrétiens. M. Houdas, à qui l'on devait déjà un extrait de la chronique d'Ez Ziâni, allant de 1631 à 1812, a complété ce travail en publiant et en traduisant la *Nozhat el Hadi* de Mohammed El Oufrâni,[4] qui renferme l'histoire de la dynastie Saadienne (1511-1670) et d'une époque importante dans les annales des guerres des Espagnols et des Portugais sur la côte d'Afrique. Non qu'on doive demander à El Oufrâni la largeur de vues d'un historien moderne, ou le sens critique d'un Ibn Khaldoun, mais l'absence de documents plus considérables donne du prix à son œuvre.

En combinant les données linguistiques avec les traditions nationales et surtout avec les renseignements fournis par les historiens, les géographes et les voyageurs arabes, et, à partie du XVe. siècle, par les écrivains portugais et espagnols, on arrivera à dresser le tableau des diverses dynasties du Soudan et à tracer la succession des migrations des populations et la

[1] *Les Dictons satiriques attribués à Sidi Ah'med ben Yousof*, Paris, 1890, in 8°.

[2] *De la Suppression du manuscrit Anouâr el birdjis fi chabi el' iqd en nefis* (*Revue africaine*, p. 121, janvier-février, 1887).

[3] *L'émir El Hadj Abd el Kader, règlements militaires*, Alger, 1890, 2 fasc. in 8°.

[4] Paris, t. I. (texte) 1888, gd. in 8°, t. ii. (traduction) 1889, gd. in 8° (tomes ii. et iii. de la troisième série des publications de l'Ecole des Langues orientales).

formation des Etats qui ont précédé ceux avec lesquels nous sommes aujourd'hui en relations directes. C'est la marche que j'ai suivie dans le second fascicule de mes *Mélanges d'histoire et de littérature orientales,*[1] dont la première partie est consacrée à l'histoire des Songhaï, des Sousou et des Melli.

Il eût été surprenant que l'Espagne, si longtemps arabisée, et qui compte encore parmi ses plus beaux monuments ceux qui datent de la période musulmane, restât en dehors des études orientales où, au siècle dernier, elle tint une place honorable grâce au Syrien Casiri. La renaissance inaugurée par M. de Gayangos—on comprendra que je laisse un Conde de côté—continuée par Lafuente y Alcantara, Simonet et le P. Lerchundi, s'est développée grâce au zèle véritablement admirable de M. Codera y Zaïdin, qui à lui seul représente toute une école d'arabisants. Depuis 1887 trois nouveaux volumes sont venus accroître la *Bibliotheca arabo-hispanica,* où le savant éditeur publie les œuvres les plus importantes des Arabes de la Péninsule. Ce sont d'abord les deux volumes d'Ibn el Abbar[2], qui complètent la *Silah* d'Ibn Bachkoual, dictionnaire biographique des écrivains illustres d'Espagne, et un autre dictionnaire biographique des savants musulmans, non moins important que le premier[3], celui d'Ibn el Faradhi publié d'après un manuscrit de la Djâmi Zeitounah de Tunis. Tout en nous félicitant, au point de vue de la science, que ces ouvrages aient été mis au jour par un savant aussi compétent que M. Codera y Zaïdin, nous ne pouvons nous empêcher de regretter que parmi les Français établis à Tunis, il ne se soit pas trouvé un arabisant capable de mettre à profit les richesses bibliographiques que nous signalions, il y a neuf ans, mon collègue et ami, M. Houdas, et moi, dans la partie bibliographique de notre mission en Tunisie.[4]

Comme synthèse de l'histoire de la civilisation des Arabes en Espagne, on lira avec intérêt le volume que leur a consacré M. Stanley Lane-Poole,[5] et on le consultera avec profit même après l'ouvrage de Dozy.

L'histoire de la conquête de l'Espagne, racontée par un des petits fils des vaincus, issu du sang royal des Goths et connu sous le nom d'Ibn el Qoutya, en souvenir d'une de ses aïeules qui n'hésita pas à se rendre d'Espagne à Damas pour porter ses revendications devant le Khalife, a été publiée avec une traduction par M. Houdas.[6] On chercherait vainement dans cet ouvrage une histoire méthodique de la conquête Arabe : c'est plutôt une suite d'anecdotes qui tirent leur importance de ce que l'auteur, mort en 977 de notre ère, est un des plus anciens écrivains qui les ait rapportées. Lui même les tenait des Omayades dont il était le client, car

---

[1] *Essai sur l'histoire et la langue de Tombouktou et des royaumes Songhai et Melli,* Louvain, 1888, in 8°.

[2] *Complementum libri Assilah,* 2 vol. in 8°, Madrid, 1887-89 (t. v. et vi. de la *Bibliotheca arabo-hispanica*).

[3] Aben el Faradhi, *Historia virorum doctorum Andalusiæ,* t. i., Madrid, 1881, in 8°.

[4] Je dois faire une exception unique en faveur d'un interprète militaire, M. Bossoutrot, mais il n'a pas encore, jusqu'ici, publié le résultat de ses recherches.

[5] *The Moors in Spain,* London, 1889, in 8°.

[6] *Histoire de la conquête de l'Andalousie* (*Recueil de textes et de traductions, publié par les professeurs de l'Ecole des Langues orientales vivantes,* Paris, 1889, 2 v. gd. in 8°, t. i., p. 219-280).

sa famille était convertie depuis plusieurs générations à l'islam ; toutes ses sympathies sont du côté des Musulmans. On lui doit cependant des renseignements curieux sur la situation des descendants de Witiza avant et après la conquête, mais il y a à lui reprocher, outre son manque d'ordre, d'assez graves erreurs. L'édition de M. Houdas a été donnée d'après le manuscrit unique de la Bibliothèque Nationale, manuscrit incomplet, puisqu'il s'arrête au règne de Hichâm et ne renferme pas le récit de la célèbre insurrection de Cordoue, publié autrefois par Cherbonneau.

Le vizir Ibn Zaidoun était connu depuis longtemps comme l'auteur d'une épître en vers, dont le commentaire composé par Ibn Nobata, fournit d'utiles renseignements sur les anciens Arabes. Sa vie a été écrite par M. Besthorn[1] qui a résolu, à l'aide d'un passage d'Ibn Bassâm, le problème résultant de sa double élévation au vizirat et de sa double disgrâce, la première sous le roi de Cordoue Abou'l Hazm ibn Djahwar, à cause de ses amours avec la princesse Wallada ; la seconde, sous le fils de ce prince, Abou'l Walid, près duquel il était rentré en grâce, nouvelle disgrâce due peut être à la brouille qui survint entre le vizir et Wallada. Il se réfugia à la cour du roi de Séville, El Mo'tadhed, dont il devint le ministre, et mourut en 463 de l'hégire (1070-71). A la suite de la biographie d'Ibn Zaidoun, M. Besthorn a publié la lettre que le vizir écrivit, après sa première disgrâce, à Abou'l Walid, pour obtenir son intercession auprès d'Abou'l Hazm. Pleine d'érudition et de souvenirs historiques, d'allusions littéraires et de recherches de style, elle est accompagnée par l'éditeur, d'un commentaire abondant et d'un apparatus critique qui en facilitent grandement la lecture.

L'expulsion des Morisques d'Espagne a été exposée par M. L. Dollfus dans un mémoire court et animé ;[2] en quelques pages, il fait le tableau des monstrueuses barbaries commises par l'ordre du Roi Catholique contre une population soumise qu'on finit par pousser à la révolte. Violations de promesses solennelles, conversions forcées ; pillages, assassinats, exécution en masse de tous les habitants d'un quartier jusqu'au jour où la *compassion* de Philippe II. alla jusqu'à déclarer qu'on épargnerait désormais les enfants au dessous de dix ans, toutes ces violences expliquent la haine vouée aux Espagnols par les Musulmans qui purent échapper à leurs persécutions et peuplèrent de corsaires la côte des Etats barbaresques.

De toutes les républiques italiennes en relations avec les Musulmans au moyen âge, Venise occupe le premier rang, et c'est d'elle surtout qu'on s'est principalement occupé. Cependant, sans oublier de Sacy, Amari, dès 1873, avait donné l'exemple des recherches à faire dans les archives de Gênes, et après lui, M. Karabacek annonce l'intention de reprendre, à l'aide de documents pour la plupart inédits, plusieurs points intéressant l'histoire des relations entre chrétiens et musulmans, et particulièrement entre Gênois et Egyptiens.[3] La première partie de ce travail est consacrée à l'examen du

---

[1] *Ibn Zaiduni vitam scripsit epistolamque ejus ad Ibn Dschahwarum*, Copenhague, 1889, in 8°.

[2] *Morisques et Chrétiens de 1492 à 1570 (Revue de l'histoire des Religions*, t. xx., p. 253-278).

[3] *Arabische Beitrage: Zur Genuesischen Geschichte (Wiener Zeitschrift für die Kunde des Morgenlandes*, t. i., 1887, p. 33-58).

traité conclu en 1290 entre la république de Gênes et le sultan d'Egypte, Qalaoun : il y rectifie plusieurs méprises de De Sacy et d'Amari, tout en commettant une erreur corrigée par M. Clermont Ganneau.[1]

Le second appendice de la Bibliothèque arabo-sicilienne de M. Amari,[2] est une des dernières contributions de ce grand orientaliste à l'œuvre qui avait été pour lui une entreprise patriotique en même temps qu'historique ; l'histoire des Musulmans en Sicile et en Italie, complétée par les textes arabes qui s'y rapportent. Ce fascicule comprend dix extraits, dont les plus importants sont ceux du *Kitâb el Ouafi* d'Es Safadi, du *Tarikh el Mansouri* d'Abou Fadhail de Hamah, enfin le traité de paix de 1293 entre le sultan d'Egypte et les rois d'Aragon (et de Sicile), de Castille et de Portugal.

§ VI. La numismatique qui, sur tant de points éclaire les passages obscurs de l'histoire, n'a pas été négligée dans cette période : on doit signaler le premier volume du catalogue de la Bibliothèque Nationale,[3] une des plus riches du monde, et dont les trésors, en l'absence de ce catalogue, étaient ignorés des orientalistes et des numismates. Le premier volume, qui contient les monnaies des Khalifes orientaux a été rédigé avec tout le soin et toute l'exactitude désirables, qu'on était en droit d'attendre du savant conservateur-adjoint, M. H. Lavoix. Il comprend les plus anciennes monnaies depuis celles que les Arabes, imitateurs des Grecs et des Persans, firent frapper à Damas, avec le nom d'Héraclius (17 hég.), et à Baiza, avec celui de Chosroès, jusqu'à celles du dernier Khalife Abbaside El Mosta'sem-billah. Espérons que le volume consacré aux dynasties d'Afrique et d'Espagne suivra de près le premier. Une excellente contribution à la numismatique de ces derniers pays est fournie par les notices de M. le commandant Demaeght.[4]

M. Sauvaire a donné un utile complément à ses recherches sur la numismatique et la métrologie musulmanes, en publiant ses notes[5] sur le prix des denrées, des céréales et des objets les plus divers à toutes les époques de l'histoire de l'islam. C'est un premier pas, et un pas important dans l'histoire économique de l'Orient musulman.

§ VII. L'histoire des sciences chez les Arabes a donné lieu à divers travaux techniques que je ne puis guère qu'énumérer. M. Carra de Vaux a fait connaître deux manuscrits[6] dont l'un, de Yaḥya ben Moḥammed El Maghrebi el Andalousi, daté de 906 hég. (1500 de J.C.) est un remaniement du traité sur la sphère du géomètre grec Théodose, mort vers l'an 100 de notre ère. Le second traité, relatif aux clepsydres, est anonyme, et entre autres problèmes intéressants, contient le mécanisme du joueur de

---

[1] *Notes d'épigraphie et d'histoire arabes, iii., Sur un passage du traité conclu entre le sultan Qalaoun et les Gênois (Journal asiatique,* avril-mai-juin, 1887, p. 492-497).

[2] *Seconda Appendice alla Biblioteca arabo-sicula,* Leipzig, 1887, in 8°.

[3] H. Lavoix, *Catalogue des monnaies musulmanes de la Bibliothèque Nationale,* Paris, 1887, in 8°.

[4] *Contribution au recueil des monnaies frappées sous les dynasties musulmanes du nord de l'Afrique (Bulletin de la Société de Géographie et d'Archéologie de la province d'Oran,* janvier-septembre, 1887 ; juillet-septembre, 1890).

[5] *Matériaux pour servir à l'histoire de la numismatique et de la métrologie musulmanes (complément) Journal asiatique,* septembre-octobre, 1887, p. 250-279.

[6] *Journal asiatique,* mars-avril 1891, p. 287.

flûte automate, d'après Apollonios de Perge. Un glossaire des termes techniques est utile à signaler, pour les additions qu'il fournit au dictionnaire.

M. G. Delphin a publié la description d'un astrolabe[1] construit à Maroc en 1197 hég. (1782) pour un prince de la dynastie des Chorfa, viceroi de Fas. Il a accompagné sa description de recherches sur les auteurs maghrébins, tous inédits à ma connaissance, qui ont traité ce sujet. C'est un chapitre à ajouter à l'histoire de l'astronomie chez les Arabes.

L'astronomie est étudiée à Fas, dans une des plus célèbres universités musulmanes qui existent encore, et M. Delphin lui a donné place dans le livre qu'il a consacré à l'organisation des études dans cette ville,[2] bien déchue depuis l'époque où les chrétiens eux mêmes, comme Cleynaerts, venaient s'y perfectionner dans la connaissance des sciences. Des notes d'un ancien taleb ont permis à l'auteur de reconstituer la vie des étudiants, le mode d'enseignement, la série des textes expliqués aux cours : les esprits originaux y sont rares plus qu'ailleurs : du reste, la religion étant la base de tout enseignement, la moindre indépendance serait considérée comme une hérésie et punie comme telle. Cette monographie, une des rares qui aient été faites sur un sujet aussi important, mérite d'être étudiée sérieusement à cause de l'abondance des renseignements qu'elle contient.

§ VIII. Quelle que soit l'activité des presses de Boulaq et du Qaire, elles ne pourront d'ici longtemps, mettre à notre disposition les richesses contenues dans la bibliothèque Khédiviale du Qaire. Aussi devons nous savoir gré à M. Vollers de nous faire connaître, dans ses notes bibliographiques plusieurs séries des ouvrages qui y sont renfermés, particulièrement l'histoire, la géographie et la médecine :[3] ces indications suppléent dans une certaine mesure aux notices trop concises du catalogue officiel en cours de publication.

Les grandes bibliothèques d'Europe continuent de faire connaître leurs richesses et l'on peut espérer posséder, dans un délai prochain, l'inventaire complet de leurs manuscrits orientaux. Il restera à renouveler le vœu, formulé déjà dans un congrès scientifique, que tous les établissements de ce genre, rompant avec des habitudes surannées de défiance, imitent la libéralité avec laquelle les bibliothèques de Paris, de Leyde, de Gotha, etc., mettent leurs manuscrits à la disposition des savants, nationaux et étrangers, qui ne peuvent consulter sur place les ouvrages indispensables à leurs recherches.

La Bibliothèque Nationale de Paris vient de faire paraître le second volume du catalogue de ses manuscrits arabes ;[4] cette partie comprend la fin de l'histoire, les sciences, la philosophie, la littérature, les romans et

---

[1] *L'astronomie au Maroc*, Paris, 1891, in 8°.

[2] *Fas, son université et l'enseignement supérieur musulman*, Paris et Oran, 1889, gd. in 8°.

[3] *Aus der Viceköniglichen Bibliothek in Kairo* (*Zeitschrift der deutschen morgenländischen Gesellschaft*, t. xliii., 1889, p. 99-120 ; t. xliv., 1890, p. 373-389).

[4] *Catalogue des manuscrits arabes de la Bibliothèque Nationale*, 2° partie, Paris, 1889, in 4°.

le commencement de la philologie.   Je n'exprimerai qu'un regret, c'est que
M. Zotenberg qui publie ce catalogue rédigé par M. de Slane, ait été si
sobre d'annotations et de rectifications que mieux que personne il était en
mesure d'y ajouter.

On connaît les services rendus à l'histoire politique et littéraire par le
catalogue des manuscrits de la Bibliothèque de l'université de Leyde, dû à
Dozy.   Depuis cette époque, les collections se sont accrues de nouvelles
acquisitions, les richesses d'autres dépôts ont été mieux connues et l'on
doit à MM. de Goeje et Houtsma une seconde édition de ce catalogue[1]
dont le tome i. vient de paraître.

La liste des manuscrits de la Bibliothèque nationale de Palerme a été
dressée et publiée par M. Bart. Lagumina.[2]   Les manuscrits arabes sont
peu nombreux et de médiocre valeur, à l'exception de l'important *Livre du
Palmier* d'Abou Hatim es Sidjistani (mort en 259 hég.) que M. Cusa
a fait connaître par des extraits et qui doit être prochainement publié in
extenso.

Le tome premier du catalogue des manuscrits arabes de la Bibliothèque
royale de Berlin,[3] renfermant les Prolégomènes et les articles relatifs au
Qorân, vient de paraître.   Les indications sont exactes comme on devait
l'attendre d'un érudit tel que M. Ahlwardt, et il a corrigé ou rectifié
nombre d'indications erronées admises dans les catalogues précédents.
Mais ceux qui voudront, àpropos d'un manuscrit, savoir s'il a été publié, s'il
est unique ou si les bibliothèques d'Europe le possèdent en tout ou en
partie, devront toujours avoir recours au catalogue de M. Pertsch, le modèle
du genre.   Ajoutons que la collection de Berlin, bien que la plus considérable d'Europe pour le nombre des volumes, ne vient guère qu'en septième
ligne, autant pour la nature des sujets que pour l'ancienneté des copies.
Elle est dépassée sous ce rapport, par les bibliothèques de Paris, de Leyde,
d'Oxford, de l'Escurial, de Vienne et de Gotha ; c'est d'ailleurs le défaut des
collections trop jeunes et formées hâtivement.

Signalons encore le fascicule de la Revue orientale russe, où M. de
Rosen donne la liste des manuscrits arabes de la Bibliothèque de l'université.[4]

§ IX.   Comme ensemble de recherches sur la grammaire et la lexicographie arabes, la publication des divers travaux de Fleischer, épars dans
des revues allemandes et souvent introuvables, est une œuvre capitale[5] qui
doit être mise en première ligne.

La question de la formation des noms dans les langues sémitiques, et
en particulier en arabe, a été l'objet de deux travaux d'une importance

---

[1] *Catalogus Codicum arabicorum Bibliotheca Academiæ Lugduno-Batavicæ,* Leyde,
1888, t. i. in 8°.

[2] *Catalogo dei Codici Orientali della Biblioteca nazionale di Palermo,* Florence, 1888,
in 8°.

[3] *Die arabische Handschriften-Verzeichnisse der königlichen Bibliothek zu Berlin,*
t. i., Berlin, 1887, in 4°.

[4] *Zapiski vostochnago otdielenia imperatorskago russkago arkheologitcheskago obcht-
chesva,* t. iii., S. Petersbourg, 1889, p. 199-220.

[5] *Kleinere Schriften,* t. ii., 1ère partie, Leipzig, 1889, in 8°.

inégale, quoique considérable : M. de Lagarde[1] essaie de dériver les noms des verbes, bien que, dans la plupart des cas, les thèmes verbaux doivent être considérés comme postérieurs aux thèmes nominaux. C'est le parfait, avec ses diverses formes de vocalisation qu'il retrouve dans les noms, soit qu'on prenne les parfaits de la forme simple, de la forme redoublée ou des formes réfléchies. Au contraire M. Barth, classant plus logiquement ses dérivations,[2] prend pour point de départ les parfaits et les imparfaits (aoristes) en établissant son classement d'après la voyelle de la 2° radicale. Sa théorie est plutôt confirmée que réfutée par les observations de M. Mayer Lambert,[3] qui du reste, ne portent que sur des points de détails, laissant intact l'ensemble du système.

L'ouvrage d'un des plus illustres grammairiens indigènes, le *Livre* de Sibaoueihi, vient d'être publié complètement par M. H. Derenbourg,[4] et cette édition, que recommandent les noms des savants étrangers qui en ont revu les épreuves, est d'une importance capitale pour l'histoire des doctrines grammaticales chez les Arabes. Un supplément du *Livre* de Sibaoueihi a été composé par Abou Bekr ez Zobaïdi, grammairien espagnol mort en 989 de l'hégire, qui surpassa ses contemporains : il vient d'être publié par M. Guidi :[5] dans ce livre, l'auteur soumet à un examen critique, la partie du traité de Sibaoueihi où celui-ci a parlé des formes grammaticales : en nombre d'endroits, il peut servir à contrôler l'illustre grammairien dont il célèbre d'ailleurs le mérite.

On sait de quelle autorité *l'Alfyah* d'Ibn Mâlek jouit en matière de grammaire, et le nombre de commentaires dont ce livre a été l'objet en est une preuve. En Europe, de Sacy et Dieterici en ont donné une édition : le second y a joint le commentaire d'Ibn ʿAqil. M. Goguyer a publié, de ce poème technique, une traduction[6] parfois aussi obscure que le texte, tant par une fidélité excessive que par une terminologie inusitée.

M. Goguyer a également traduit un traité d'Ibn Hichâm,[7] qui vivait dans la première moitié du XIVe siècle. Cette traduction d'un ouvrage presque aussi célèbre que *l'Alfyah* et le *Lamyat el Af'al*, ne laissera pas de rendre des services, malgré des innovations contestables dans la théorie grammaticale exposée par le traducteur.

Il importe de signaler aussi la rhétorique poétique rédigée d'après les leçons d'Eth Tha'alebi par ʿObeïd Allah Mohammed ben ʿImrân et publiée par M. Schiaparelli.[8] En somme, ce traité où est exposée sèchement, mais méthodiquement, la doctrine du rival d'El Mobarrad, a pour nous de la

---

[1] *Uebersicht über die im Aramæischen, Arabischen und Hebræischen übliche Bildung*, Gœttingen, 1889, in 4°.

[2] *Die Nominalbildung in den semitischen Sprachen*, Leipzig, 1889, in 8° ; *Zur Frage der Nominalbildung (Zeitschrift der deutschen morgenländischen Gesellschaft*, t. xliv., 1890, p. 679-698).

[3] *Observations sur la théorie des formes nominales (Journal asiatique*, février-mars, 1890, p. 164-179).

[4] T. ii., 2° partie, Paris, 1889, in 8°.

[5] *Il Kitâb al istidrâk*, Rome, 1890, in 4°.

[6] *L'Alfiyyah d'Ibn Malek, suivie du Lamiyyat du même auteur*, Beyrout, 1888, in 8°.

[7] *La pluie de rosée et l'étanchement de la soif*, Leyde, 1887, in 8°.

[8] *L'arte poetica di Abu'l Abbas Ahmad*, Leyde, 1890, in 8°.

valeur grâce à ses citations poétiques et au commentaire, malheureusement trop peu détaillé, qui les accompagne.

Une importante publication dont on devra tenir compte désormais dans une édition de la poétique d'Aristote est celle donnée par M. Margoliouth de deux versions arabes de ce livre ;[1] l'une, d'Abou Bachar, est une véritable traduction, la seconde, plutôt un remaniement, est la poétique arabe d'Avicenne. Ce travail, dans lequel M. Margoliouth a fait preuve d'une profonde érudition en grec, en arabe et en syriaque, complète la belle édition, par M. Lasinio, du commentaire d'Averroès sur la poétique d'Aristote.

Je citerai encore le *Molhat el Irab*, (Récréations grammaticales) de Hariri, où l'auteur des *Séances* a dépensé de la verve et une rare connaissance des richesses de l'arabe pour arriver, somme toute, à un médiocre résultat : cet ouvrage a été traduit par M. Pinto.[2]

Dans le domaine de la lexicographie arabe, M. Guidi a publié de fines observations sur les racines renfermant des éléments similaires et l'explication de quelques mots rares.[3]

Une utile contribution à ces études est l'édition par M. Geyer du traité[4] où le célèbre grammairien El Asma'i a donné les synonymes employés chez les anciens auteurs arabes pour désigner plusieurs animaux sauvages : l'antilope, l'onagre, la gazelle, l'autruche, le lion, le loup, la hyène, le renard et le lièvre. Ce texte, et les extraits de Qotrob, contemporain d'El Asma'i, complètent, sur plusieurs points, les matériaux recueillis par M. Hommel dans son livre sur les noms des mammifères chez les Sémites du Sud. M. Geyer a également publié des remarques[5] sur l'ouvrage de M. Schwarzlose relatif aux noms des armes chez les anciens Arabes ; et M. D. H. Müller des recherches sur plusieurs mots arabes d'origine araméenne,[6] complément indispensable du livre de M. Frankel sur le même sujet.

Enfin, il faut mentionner la continuation, par les soins de M. Stanley Lane-Poole, de l'impression du grand dictionnaire arabe-anglais de Lane ;[7] de même, le *Dictionnaire français-arabe* de M. Gasselin, continue péniblement sa publication.[8]

§ x. L'imprimerie de Boulaq avait fait paraître en 20 volumes répartis en 10 tomes, l'inestimable collection du *Kitâb al Aghâni*, trésor de la poésie anté-islamique et des premiers siècles de l'islam, le livre le plus précieux que nous possédions sur la littérature arabe. Mais grâce au manque de critique des éditeurs égyptiens, nous ne possédions qu'un texte incomplet :

[1] *Analecta Orientalia ad Poeticam Aristotelicam*, Londres, 1887, in 12°.

[2] Paris, 3 fasc., in 12°.

[3] *Alcune osservazioni di Lessicografia araba*, Vienne, 1887, in 8°.

[4] *Das Kitâb al Wuhus von Al Asmaî*, Vienne, 1888, in 8°.

[5] *Bemerkungen sur Schwarzlose's Kitâb as Silâh* (*Wiener Zeitschrift fur die Kunde des Morgenlandes*, t. i., 1887. p. 259-274).

[6] *Arabisch-aramäische Glossen* (*Wiener Zeitschrift für die Kunde des Morgenlandes*, t. i., 1887, p. 21-32).

[7] *Arabic-English Lexicon*, in 4°, t. viii., London, 1887.

[8] Fasc. 34 et 35, Paris, 1887-1888.

maintenant l'on doit y joindre le volume supplémentaire,[1] édité, cette fois
d'une façon scientifique par M. Brünnow, d'après les manuscrits de
Munich, de Gotha, etc. On comprendra l'importance de cette publica-
tion, quand on saura qu'elle renferme entre autres les biographies de
Chanfara, de Zohair ben Djannâb, de Motalammis, de 'Orouah ben
'Odzaïnah, d'Abou Mih'djân.

Le diwân de ce dernier poète, un des plus intéressants, car il fait partie
de ceux qui nés et déjà célèbres au temps du paganisme, embrassèrent de
gré ou de force la religion musulmane, a été publié d'une façon très soignée
par M. Abel,[2] connu par ses recherches sur le domaine de l'assyriologie.
Il y a joint une traduction latine et la biographie du poète. Peu aupara-
vant, dans le premier volume de ses *Primeurs arabes*, M. de Landberg
avait donné également une édition du même Diwân avec le commentaire.
Je ne puis que m'associer à ce qu'il dit dans la préface de son second
fascicule : il est absolument nécessaire de posséder les commentaires sur
les anciens poètes, sans quoi on ne les comprendrait pas ; nous devons
avant tout publier tout ce qui nous reste de la poésie anté-islamique.
J'ajouterai un vœu, c'est qu'on ne laisse pas inachevées des éditions comme
celle des *Mofadhdhalyât* par exemple, et que la mort d'un érudit n'inter-
rompe pas son œuvre. Conséquent avec ses principes, M. de Landberg a
publié dans le second fascicule de ses *Primeurs Arabes*[3] le Diwân de
Zohair avec le commentaire d'Abou'l Haddjâdj Yousof ech Chantamari,
connu sous le nom d'El 'Alam, mort en 476 hég., et dont M. de Slane a
fait grand usage pour son édition d'Imrou'lqaïs. Nous possédions déjà une
édition complète du Diwân de Zohair, dans le recueil des Six Diwâns de
M. Ahlwardt, mais le texte seul, même accompagné de variantes soigneusement recueillies par l'éditeur, était d'un emploi peu facile, et, en faisant
paraître le commentaire d'El 'Alam, M. de Landberg a rendu un très grand
service à ceux qui veulent étudier les œuvres d'un poète qui joignit l'illus-
tration littéraire à la gloire militaire.

C'est moins une chrestomathie destinée aux étudiants qu'une véritable
anthologie dont tous les orientalistes feront leur profit, que le recueil[4] où
M. Nœldeke a rassemblé les pièces les plus authentiques des poètes de la
Djahilyah et des premiers temps de l'islam, en les accompagnant d'un
excellent vocabulaire rédigé par M. A. Müller. Pièces gnomiques,
érotiques, élégiaques, bacchiques, guerrières, satiriques, font défiler tour à
tour devant nous les aspects les plus divers de cette société sans pareille :
en même temps que les pièces datant de la mission du Prophète et les
chants des Kharedjites nous font connaître l'esprit des luttes religieuses
qui ne tardèrent pas à ensanglanter le monde islamique et à faire diversion
aux conquêtes extérieures.

Depuis l'édition d'Arnold, aujourd'hui épuisée, les *Mo'allaqah* n'avaient
pas été réimprimées, en Europe du moins, et la rareté de ce livre, classique
dans l'enseignement de la poésie anté-islamique, fait accueillir avec d'autant

---

[1] *The twenty-first volume of the Kitâb al Aghâni*, Part 1., Leyde, 1888 in 8°.
[2] *Abû Mihgan poetœ arabici carmina*, Leyde, 1887, in 8°.
[3] Leyde, 1889, pet. in 8°.
[4] *Delectus veterum carminum arabicorum*, Berlin, 1890, pet. in 8°.

plus de satisfaction, l'édition que vient de publier M. Abel.[1] Mettant à exécution un plan indiqué en 1883 par M. Hommel, et que j'ai pratiqué moi-même depuis douze ans que j'ai pris les Mo'allaqah pour un de mes sujets annuels de cours, il a accompagné son texte d'un glossaire spécial, qui, réuni à ceux annoncés du Hamasa, des Six Diwâns, de Lebid, de Orwah ben el Ouard, et sans doute aussi des Mofadhdhalyât, du Kitâb el Aghâni, du Kitâb el 'Iqd el Ferid, etc., formera plus tard le Thesaurus de l'ancienne langue poétique arabe.

Le grand ouvrage d'El Baghdâdi, l'élève du célèbre El Khafadji, comprend dans ses quatre volumes in 4°, une foule de citations de poètes anciens et modernes, mais, suivant l'usage, cet ouvrage imprimé à Boulaq, ne renferme aucun index. C'est donc un réel service que M. Guidi a rendu aux orientalistes,[2] en les mettant à même de retrouver les citations des poètes, grâce à un index très exact. Il serait à désirer que le même travail fût entrepris pour les grandes collections parues en Orient : le *Mozhir* d'Essoyouti, le *Kitâb el 'Iqd*, et surtout le *Kitâb al Aghani*.

L'Orient, je parle de l'Orient façonné à la critique savante, n'est pas resté en arrière de ces recherches sur un monde si étranger à nos idées, à nos mœurs et à nos doctrines. Le P. Cheïkho nous a donné en même temps qu'un recueil des vers des poètesses arabes, le Diwân complet de la plus illustre, Tomadhir, plus connue sous le nom d'El Khansa,[3] traduit par le P. de Coppier.[4] On peut trouver inexacte l'épithète de 'Sapho arabe' donnée par le traducteur à celle qui montra un esprit si viril, et qui, après avoir, au temps du paganisme, mérité les éloges de Nabighah Dzobyâni, encouragea à la veille de la bataille de Qadisyah où devait succomber la monarchie sassanide, ses quatre fils, devenus comme elle musulmans, et prodiguant leur sang pour le compte du successeur du chamelier de la Mekke. Les quatre fils succombèrent et El Khansa, pour consolation, reçut une lettre du Khalife Omar et une pension équivalente à leur solde. Ce dernier fait montre quels changements l'islam avait introduits dans la société arabe.

Outre les publications de textes, l'école de Beyrout s'est signalée par un ouvrage qui rendra de grands services à l'étude de l'ancienne poésie arabe, sans pourtant qu'on puisse admettre dans toute son étendue la thèse soutenue par l'auteur : il s'agit des biographies des poètes arabes chrétiens par le P. Salhani.[5] Celui-ci possède une grande connaissance de la poésie et des traditions de l'époque du paganisme : il est au courant des publications européennes ; mais on peut regretter qu'il n'indique pas les sources auxquelles il a puisé, avec la précision qu'on exige aujourd'hui dans ces sortes de références, surtout quand il s'agit d'une époque aussi obscure. Telle qu'il la présente, sa thèse est paradoxale : tout poète qui aurait fait la

---

[1] *Sammlung von Wörterverzeichnissen als Vorarbeiten zu einem Wörterbuch der altarabischen Poesie*, i., *Die sieben Mu'allakât, Text, Vollständiger Wörterverzeichniss, deutscher und arabischer Kommentar*, Berlin, 1891, in 8°.

[2] *Sui poeti citati nell'opera Khazânat el Adab*, Rome, 1887, in 4°.

[3] *Anis el djolasa*, Beyrout, 1888, in 12°.

[4] *Le Diwan d'Al Hansa*, Beyrout, 1888, in 12°.

[5] *Beyrout*, 1890, 3 fasc. in 8°.

moindre allusion au christianisme devrait être considéré comme chrétien, bien que parfois il ait invoqué des divinités païennes : c'est ainsi qu'on peut s'étonner de voir ranger, sans la moindre preuve, parmi les disciples du Christ, Imrou'l Qaïs, 'Tarafah et tant d'autres dont les aventures peu édifiantes feraient peu d'honneur au christianisme. Il est vrai que cette théorie, fausse sur bien des points, nous a valu une abondance de renseignements dont on doit de la reconnaissance à l'auteur qui a mis en œuvre de nombreux matériaux,—les trois premiers fascicules comprennent les biographies des poètes du Yemen (Rabi'a, Taï et Kindah); une partie de celles du Hidjaz et du Nedjd ('Taghleb, Iyâd et Bekr ben Ouaïl).

Trois poètes, Djerir, Ferazdaq et le chrétien Akhtal prennent place au premier rang parmi ceux qui fleurirent à la cour des Omayades, et leurs diwâns sont une source d'une grande valeur pour l'histoire intérieure et extérieure des règnes de Mo'aouyah, Yazid et Abd el Mélik. Caussin de Perceval nous les avait fait connaitre dans une élégante esquisse, d'après le *Kitâb al Aghâni.* Mais la fatalité semblait s'acharner contre la publication de leurs œuvres : on sait quel accident interrompit l'édition par Boucher du diwân de Ferazdaq, qui était un progrès sur celle contenue dans le *Khamsah Daouâouin ;* le regretté W. Wright qui avait annoncé la publication de l'œuvre de Djerir mourut même avant de l'avoir commencée ; espérons que le P. Salhani pourra terminer celle du *Diwân* d'Akhtal dont le premier fascicule vient de paraître à Beyrout.[1] Nous aurons alors dans leur intégrité les vers d'un poète chrétien, favori du Khalife, imitateur heureux des anciens, et qui a su parfois arriver à la hauteur de ses modèles, en même temps qu'il obligeait les meilleurs juges de poésie à tenir la balance indécise entre lui et ses rivaux, Djerir et Ferazdaq.

Parmi les autres poètes de l'époque musulmane, je ne vois guère qu' Abou l'Ala el Ma'arri, dont le *Diwân*, plusieurs fois publié, a été étudié par M. de Kremer au point de vue philosophique.[2]

Une sorte de réaction, dans le domaine de la littérature et de la rhétorique s'est produite en faveur de Hamadâni, le modèle de Hariri, longtemps effacé par son brillant imitateur. En matière de concetti, de jeux de mots, d'allitérations et surtout dans ces rébus graphiques, où excelle la littérature arabc de la décadence, les premiers ont toujours tort, certains d'être dépassés par leurs successeurs et d'être d'autant moins appréciés qu'ils ont conservé quelque ombre de goût. Pourtant un jour la réalité reprend ses droits, comme il arrive pour Hamadâni dont la sobriété relative est appréciée aujourd'hui des Orientaux eux-mêmes. L'imprimerie du Djavaïb à Constantinople avait donné de ses Maqâmât, connues déjâ grâce à S. de Sacy et Grangeret de la Grange, une édition aujourd'hui introuvable. Le cheïkh 'Abdo, à Beyrout, vient d'en publier un commentaire, ou plus exactement une paraphrase.[3] Malheureusement des scrupules, fort honorables en eux-mêmes, mais qui empêcheront toujours d'attacher une valeur absolue aux éditions des Pères, malgré le zèle de ceux-ci, ont fait retrancher, sans que le lecteur en soit prévenu, certains passages un peu libres.

---

[1] *Diwan al Ahtal*, Beyrout, fasc. 1, 1891, gd. in 8°.

[2] *Ueber die philosophischen Gedichte des Abu'l Ala Ma'arri*, Vienne, 1888, in 8°.

[3] *Les Séances de Hamadâni*, Beyrout, 1889, in 8°.

Les lettres de Hamadâni, publiées également à Beyrout,[1] avec le commentaire parfois insuffisant du cheïkh Ibrahim el Ahdab de Tripoli, nous offrent, quoique mutilées, de précieux détails sur la vie de l'inventeur du genre des Maqâmât : cette édition est une progrès sur celles de Boulaq et du Djavaïb, et l'on peut, grâce à elle, reconstituer les principaux traits de la vie de Hamadâni et surtout les luttes littéraires, auxquelles il prit part, aussi acharnées à cette époque que de nos jours. C'est ainsi que M. Barbier de Meynard[2] a pu raconter les aventures de l'écrivain, et nous le dépeindre dans ses relations avec des gens suspects d'hétérodoxie, et surtout ses joutes oratoires avec un rival.

§ XI. Si l'on peut citer, parmi les ouvrages importants relatifs aux *Mille et Une Nuits* la nouvelle traduction de Burton et Payne, il faut reconnaître que sa rareté et son prix fabuleux l'empêcheront d'être utilisée et que par conséquent elle ne mérite pas de nous arrêter. Il vaut mieux mentionner le mémoire que M. Zotenberg a placé en tête de son édition d'Aladin,[3] et qui est un développement d'un article paru dans le *Journal Asiatique*.[4] On sait que la plupart des contes, et non des moins intéressants qui terminent la traduction de Galland (*Aladin, Ali Baba, Les trois sœurs jalouses de leur cadette*) ne nous étaient pas parvenus dans le texte arabe, et l'on supposait que Galland les rédigea d'après ses souvenirs après les avoir entendus en Orient. On supposait aussi qu'un manuscrit en quatre volumes, dont le quatrième qui a disparu aurait contenu ces contes, était l'original de sa traduction : d'ailleurs il lui avait appartenu. C'était une double erreur. A l'aide d'une minutieuse comparaison, M. Zotenberg a pu démontrer que Galland s'était servi d'un texte différent qui, lui aussi, avait disparu. Mais la fortune va aux plus méritants. M. Zotenberg a vu sa thèse se confirmer, en retrouvant, dans un manuscrit rentré à la Bibliothèque Nationale, une version de la *Lampe merveilleuse*, de *Zeïn el Asnâm* et du *Dormeur éveillé;* et, en même temps que le premier conte, il a publié une étude critique, la seule en réalité qui compte devant la science, sur les classifications des manuscrits des *Mille et Une Nuits*. Il est à souhaiter que le savant conservateur des manuscrits orientaux de la Bibliothèque Nationale nous donne bientôt, sur l'ensemble de cette œuvre, le mémoire attendu avec impatience par tous ceux qui s'occupent de littérature comparée. Mlle. Florence Groff qui avait déjà publié quelques extraits du recueil des *Cent Nuits*,[5] remaniement des *Mille et Une Nuits*, a fait paraître le texte du conte de *Zeïn el Asnâm*.[6] Quant à la traduction de Burton et Payne, on aura une idée de ce qu'elle contient en lisant le chapitre (iv.) que lui a consacré M. Arbuthnot dans son résumé littéraire.[7]

Une nouvelle édition du texte des *Mille et Une Nuits* a paru à Beyrout

---

[1] 1890, in 8°.

[2] *Journal asiatique*, mars-avril, 1891, p. 329.

[3] *Histoire d' 'Ala al dîn ou la Lampe Merveilleuse*, Paris, 1888, in 4°.

[4] Février-mars, 1887, p. 300-303.

[5] *Contes arabes extraits des manuscrits de la Bibliothèque Nationale*, Paris, 1888, in 8°.

[6] Paris, 1889, in 8°.

[7] *Arabic authors*, London, 1890, in 8°.

par les soins du P. Salhani.[1] Elle contient les mêmes histoires que l'éditions de Boulaq, mais l'éditeur y a ajouté plusieurs contes, entre autres celui du sage Haïqâr, et dont quelques-uns étaient inédits. La division par nuits est à peu près identique à celle adoptée dans la recension égyptienne, souvent le texte se rapproche davantage de celui de Habicht et même de l'original de Galland. On doit malheureusement reprocher à cette édition, très correcte au point de vue grammatical, la suppression tacite de certains passages qui blessaient la moralité de l'éditeur : celui-ci ne nous a pas non plus renseignés sur la provenance des manuscrits qu'il a eus à sa disposition et dont quelques-uns devaient être excellents. Ces lacunes dont on ne songe pas à s'étonner quand il s'agit d'une édition de Boulaq, frappent dans celles de Beyrout qui se recommandent de la critique européenne.

Depuis la version anglaise de Knatchbull (1819), et les versions allemandes de Holmboë (1832), et de Wolf (1839) le livre de *Kalilah et Dimnah* si fréquemment traduit au moyen âge ne l'avait plus été dans une langue européenne : celle qu'avait commencée St. Guyard a été détruite avec la plus grande partie de ses papiers. On accueillera donc avec intérêt la traduction russe[2] qu'en a donnée M. Attaï, précédée d'une étude où M. Riabnin a exposé, surtout d'après Benfey, les recherches faites sur ce livre célèbre : les auteurs ont, de plus, profité des études de M. Guidi sur les différents manuscrits, et des chapitres supplémentaires publiés par M. Noeldeke (*Le roi des souris*) et l'édition de Beyrout (*La colombe, le renard et l'oiseau, Malek el Hazin*). Je remarquerai que ce dernier chapitre se trouve déjà dans l'édition de Boulaq (1249 hég.), négligée à tort, à ce point qu'elle n'est pas mentionnée dans la table des versions arabes (Préface, p. xxvi.-xliii.).

M. Noeldeke a signalé[3] les rapports qui existent entre un conte égyptien en arabe vulgaire, l'histoire de 'Ali Zibeq, et le conte du trésor de Rhampsinite, tel que le vieil Hérodote l'a inséré dans la second livre de ses Histoires. Sa conclusion est qu'il est bien d'origine égyptienne.

Le roman singulier de Barlaam et Josaphat, dont l'inspiration est incontestablement d'origine indienne, mais défigurée par des remaniements et des additions de source chrétienne, a été, dans ces dernières années, l'objet de recherches intéressantes. Si leurs conclusions ne sont pas admises dans leur entier, du moins certaines parties profitent à l'histoire des littératures comparées. Dans une étude magistrale, antérieure à la période qui nous occupe, M. Zotenberg avait conclu que le roman de Barlaam, tel que nous le possédons, était une œuvre chrétienne, un roman d'édification dû, non pas à S. Jean Damascène, mais à un moine du couvent de S. Saba à Jérusalem. De la version grecque seraient dérivées, médiatement ou immédiatement, les recensions orientales et occidentales. Parmi les premières, il existe une traduction musulmane en arabe, déjà signalée autrefois par le Dr. Blau, et qui vient d'être publiée en partie par M.

---

[1] *Alf leila oua leïla*, Beyrout, 1889-90, 5 vol., in 8°.

[2] *Kalilah i Dimnah*, Moscou, 1889, in 8°.

[3] *Zu den aegyptischen Maerchen (Zeitschrift der deutschen morgenlaendischen Gesellschaft*, t. xlii., 1888, p. 68-72).

Hommel[1] qui y voit une version dérivée, non du grec, mais du pehlevi. Cette thèse, absolument contraire à celle de M. Zotenberg, a été développée par le même auteur dans l'appendice qu'il a joint au mémoire de M. Weisslowitz.[2] Cette version a été traduite en anglais par M. Rehatsek,[3] qui fournit ainsi à un cercle plus étendu les moyens d'étudier cette question. Il est un point cependant qui reste obscur : M. Renan a fait observer autrefois que l'écriture arabe justifiait seule par son système de points diacritiques la confusion entre les noms de Boudasf (Boddhisatva) et Yousaf (Josaphat). Il faudrait donc, pour concilier les hypothèses avec les faits réels, admettre que cette confusion eut lieu antérieurement au remaniement grec, dans un texte aujourd'hui perdu, mais que connut le moine de Saba qui refondit complètement l'ouvrage et lui imprima une allure toute chrétienne.

Dans mes *Contes arabes et orientaux*[4] j'ai étudié une série de récits qu'on rencontre à la fois en Orient et en Occident, dans l'antiquité, le moyen âge et les temps modernes (i., *Contes arabes de Mlle. Groff ;* ii. *Histoire d'Aladin ;* iii. *Le xvi. chapitre du Kalilah et Dimnah ;* iv. *Le mythe d'Orion et une fable de Florian ;* v. *Le dépositaire infidèle ;* vi. *Les Cent Nuits et le Kitâb ech chelha ;* vii. *L'Alhambra et le château de Khaouarnaq*), et j'ai essayé de déterminer la route suivie par ces contes que les diverses littératures se sont transmis jusqu'à nos jours, en les modifiant parfois suivant le génie national.

Cette science, la littérature comparée des contes, s'est enrichie, pendant cette période, de plusieurs textes qui fournissent en outre de précieux matériaux pour l'étude scientifique des dialectes arabes modernes, dans lesquels on retrouve une transformation analogue à celle qui, du latin parlé par des populations d'origines diverses, fit sortir les langues novo-latines. A ce double ordre de recherches appartient le conte arabe en dialecte égyptien, publié par M. Van Berchem,[5] qui contient d'utiles additions à la grammaire de Spitta Bey. Ce dernier livre, devenu classique, a été, comme celui de Yousof ech Cherbini et de Michel Sabbagh, l'objet d'additions et de corrections de la part d'un savant également versé dans l'arabe classique et l'arabe moderne.[6] En s'inspirant du principe que les langues des populations conquises, influent même après leur disparition, sur la phoné-tique et la lexicographie de celle de leurs vainqueurs, M. de Rochemon-teix[7] a recherché dans l'ancien égyptien, l'origine de certains mots particuliers à l'arabe moderne d'Egypte.

Il y a quelques années, M. Cl. Huart avait communiqué à la Société asiatique un article sur le dialecte arabe de Damas. Mgr. David, arche-vêque syrien de cette ville, a publié sur ce sujet des annotations et des

---

[1] *Die aelteste arabische Barlaam Version*, Vienne, 1888, in 8°.

[2] *Prinz und Derwisch*, Munich, 1890, in 8°.

[3] *Book of the King's Son and the Ascete* (*Journal of the Royal Asiatic Society*, Janvier, 1890, p. 119-155).

[4] *Revue des traditions populaires*, 1888-1891.

[5] *Journal asiatique*, juillet-août, 1889, p. 84-110.

[6] K. Vollers, *Beitraege zur Kenntniss der lebenden arabischen Sprache im Ægypten* (*Zeitschrift der deutschen morgenländischen Gesellschaft*, t. xli., 1887, p. 365-402).

[7] *Mémoires de la Société de Linguistique*, 1887, fasc. vi., p. 193-196.

corrections,[1] dues à la connaissance toute particulière que lui donnent son origine et sa résidence. En Syrie également, mais dans le dialecte du Haut Meten, dans le Liban, au nord de la route de Beyrout à Damas, M. Barthélemy a fait paraître, sous la dictée d'un curé de Hammana, un conte emprunté au cycle des Dix Vizirs, et l'accompagné d'un intéressant essai de phonétique et de morphologie.[2]

L'étude du dialecte arabe parlé dans l'Oman, par le chirurgien major Jayakar,[3] rendra des services pour le travail d'ensemble qu'on dressera plus tard des modifications que l'arabe littéraire a subies dans les différentes contrées où il s'est substitué à une langue antérieure. Soit que celle-ci ait disparu complètement, soit qu'il en ait subsisté quelques débris, elle n'a pas laissé d'influer sur la formation du dialecte arabe parlé dans son domaine. Les modifications dues au changement d'accentuation, par exemple, ont une grande importance, et M. Jayakar, après M. de Rochemonteix et M. Mouliéras, a eu le mérite de reconnaître en elles un des principaux facteurs de la création de l'arabe moderne. Le travail n'a pas moins d'intérêt pour l'histoire des dialectes de l'ancienne Arabie auxquels correspondent sans doute des dialectes modernes.

Les deux versions, syrienne et égyptienne, du conte de Basim le forgeron,[4] qui font partie de plusieurs recensions des Mille et Une Nuits, ont été publiées par M. de Landberg avec un glossaire et un recueil de proverbes, qui ajoutent autant à la connaissance de l'arabe syrien et égyptien qu'à la science du folk-lore. On sait qu'un Persan, Mirza Habib, et un Ottoman, Aḥmed Vefik pacha, ont donné de quelques pièces de Molière les traductions les plus fidèles qui existent peut-être en aucune langue. Un Egyptien, Seyd Moḥammed Djelâl, a suivi leur exemple, et, laissant de côté la langue d'Ibn el Faredh et d'El Bousiri qu'il possède à fond, il a traduit, dans l'idiôme populaire des rues du Qaire, un certain nombre de comédies de Molière, parmi lesquelles le Tartuffe, que M. Vollers a publié en transcription latine.[5] Ce qui est intéressant, c'est moins peut-être la fidélité avec laquelle le traducteur a rendu le portrait du célèbre hypocrite, que le soin avec lequel il a employé la langue populaire et fourni à M. Vollers l'occasion de noter un grand nombre de mots nouveaux.

Cependant, à cet essai fort louable, où l'on sent parfois le traducteur luttant contre un modèle étranger, je préfère comme tableau de mœurs et spécimen de langue, le poème comique, beaucoup plus dans le goût arabe, où deux Talebs racontent leurs aventures, fort peu édifiantes d'ailleurs, au village nègre d'Oran. Ce poème, édité et traduit avec verve par M. Delphin,[6]

---

[1] *Etude sur la dialecte arabe de Damas* (*Journal asiatique*, septembre-octobre, 1887).

[2] *Histoire du roi Naaman* (*Journal asiatique*, septembre-octobre, 1887, p. 260-339 ; novembre-décembre, 1887, p. 465-487).

[3] *The O'mance dialect of Arabic* (*Journal of the Royal Asiatic Society*, juillet, 1889, p. 649-689 ; octobre, 1889, p. 811-881).

[4] *Basim le forgeron et Harûn ar Rachid*, Leyde, 1887 in 8°.

[5] *Der neu-arabische Tartuffe* (*Zeitschrift der deutschen morgenländischen Gesellschaft*, t. xlv., p. 36-97).

[6] *Poème comique, récits des aventures de deux étudiants arabes au village nègre d'Oran*, Paris, 1887, in 8°,

est accompagné d'un commentaire grammatical, excellente parodie des multitudes de gloses, paraphrases, commentaires et supercommentaires qui, pareils à des plantes parasites, étouffent souvent les plus belles œuvres de la littérature arabe. C'est encore à M. Delphin que nous devons le livre le plus utile et le·plus complet pour la connaissance de la vie et de la langue des indigènes de l'Algérie, surtout de la province d'Oran,[1] qui ait paru depuis longtemps. Il y a donné le résultat de longues et patientes recherches et nous trouvons dans cet ouvrage, outre un certain nombre de contes, des détails de toute nature sur l'existence des Arabes ; les nombreuses descriptions qu'il renferme enrichiront le dictionnaire d'une foule d'expressions et de mots techniques. Mais ce livre verra son utilité doublée quand auront paru les glossaires et les index indispensables à un pareil recueil. Au point de vue du folklore comme de la langue, le *Recueil de thèmes et versions* de M. Allaoua[2] mérite d'être signalé pour les contes, les anecdotes, les dictons et les énigmes qu'il renferme. On peut regretter toutefois l'absence d'un glossaire et la pénurie des notes.

Enfin, le dialecte arabe parlé sur la rive droite du Sénégal, par les Trarza, les Brakna et les Douaïch, et auquel on donne le nom de Hasania, a été l'objet d'un court travail du général Faidherbe.[3] Pendant mon séjour au Sénégal, j'ai eu l'occasion de rectifier et de compléter les notes du regretté général relativement à ce dialecte qui porte les traces de l'influence du berbère et du Wolof.

§ XII. Une révision, si sommaire qu'elle soit, des études arabes ne peut passer sous silence les ouvrages consacrés à l'enseignement de cette langue et c'est par là que je terminerai cette énumération déjà si longue et pourtant incomplète. Non qu'il soit nécessaire de mentionner toutes les productions sans valeur qui doivent le jour à la concurrence de librairie et à la spéculation. On ne s'attendra pas à ce que je m'arrête sur les ouvrages d'un Gourliau, d'un Machuel ou d'un Mejdoub, mais je signalerai les divers livres appelés à rendre de réels services et dont les auteurs méritent d'autant plus de reconnaissance qu'ils préparent modestement la moisson de l'avenir. Je citerai donc la nouvelle édition du *Cours pratique de langue arabe*[4] et des *Dialogues français-arabes*[5] de M. Belkassem ben Sedira, qui ont rendu tant de services en Algérie ; le *Manuel algérien* de M. Mouliéras[6] où il associe l'étude de l'arabe classique à celle de l'arabe parlé ; et qui, avec son *Cours de thèmes français-arabes*[7] et sa *Nouvelle Chrestomathie arabe*,[8] a obtenu, des deux côtés de la Méditerranée, les suffrages de ceux qui joignent la connaissance de l'arabe à la pratique de l'enseignement. La grammaire de Caspari, dont on connaît la valeur, a été réimprimée avec les modifications et les remaniements de M. A. Müller[9]. En

---

[1] *Recueil de textes pour l'étude de l'arabe parlé*, Paris, 1891, in 12°.

[2] Mostaganem, 1890, in 8°.

[3] *Langues Sénégalaises*, Paris, 1887, in 12°.

[4] Alger, 1891, in 12°.   [5] Alger, 1889, in 32°.

[6] Paris, 1887, in 12°.   [7] Paris, 1890, in 12°.

[8] Constantine, 1889, in 8°.   [9] *Arabische Grammatik*, Halle, 1887, in 8°.

Italie, on peut mentionner le manuel de Marchi,[1] et celui de Gibara où la langue vulgaire est rapprochée de la langue littéraire.[2] Parmi les livres d'études imprimés à Beyrout, on trouve la réimpression du *Vocabulaire arabe-français* du P. Belot,[3] du *Vocabulaire français-arabe* du P. Henry[4] dont l'éloge n'est plus à faire ; j'en dirai autant des *Synonymes arabes*[5] du P. Lammens, qui indiquent une profonde connaissance de la langue, et du *Petit manuel de style épistolaire*[6] de M. El Khoury el Chartouni et de ses *Exercices sur la grammaire-arabe.*[7]

J'ai parlé ailleurs des chrestomathies arabes de MM. Nœldeke et Houdas, je n'y reviendrai donc pas ici, mais je mentionnerai la nouvelle édition du *Cours de littérature arabe*[8] de M. Belkassem ben Sedira, composé d'extraits gradués du *Mostat'ref*, du *Kalilah et Dimnah*, des *Mille et Une Nuits* et des *Prairies d'or*, et qui fournit à l'étudiant familiarisé avec les éléments de la grammaire arabe un livre d'une lecture facile, d'autant plus utile qu'il y a joint un lexique.

Un ouvrage important, et qui, outre des conditions exceptionnelles d'exactitude et de bon marché, forme une véritable encyclopédie d'histoire et de littérature arabes, le *Medjâni el Adab* du P. Cheïkho, vient d'être terminé. En 1888 ont paru les deux derniers volumes du commentaire, renfermant une masse de renseignements biographiques, littéraires, géographiques et historiques, ainsi que le volume d'index indispensable aux recherches dans le commentaire. Ces dix volumes, dans lesquels, à l'exception du Qorân, exception motivée par l'intolérance ottomane, tout ce qui a un nom dans l'histoire littéraire arabe est représenté, nous offrent la Chrestomathie arabe la plus complète qui ait jamais été publiée. On peut aussi considérer comme telle, l'excellent recueil d'extraits du Kitâb al Aghâni[9] qui permet aux étudiants d'aborder l'étude de ce trésor en attendant qu'ils puissent se servir des vingt volumes de l'édition de Boulaq.

---

[1] *Metodo pratico per lo studio della lingua araba parlata*, Milan, 1889.
[2] *Grammatica elementare dell'arabo.* Bari, 1889, in 8°.
[3] 2ème éd., Beyrout, 1888, in 12°.　　　[4] 4° éd., Beyrout, 1888, in 18°.
[5] Beyrout, 1887, in 12°.　　　[6] Beyrout, 1889, in 12°.
[7] Beyrout, 2 v. in 12°.　　　[8] Alger, 1891, in 12°.
[9] Salhâni, *Choix de narrations tirées du Kitab al Aghani*, Beyrout, 1888, 2 v. in 8°.

9 782013 541763